Oskar Maleczky

Strafrecht Allgemeiner Teil II

Strafrecht Allgemeiner Teil II

Lehre von den Verbrechensfolgen

von

Dr. Oskar Maleczky
Richter am Landesgericht Korneuburg

23., überarbeitete Auflage

Wien 2025

facultas

Bibliografische Information Der Deutschen Nationalbibliothek

Die Deutsche Nationalbibliothek verzeichnet diese Publikation in der Deutschen Nationalbibliografie; detaillierte bibliografische Daten sind im Internet über http://dnb.d-nb.de abrufbar.

23. Auflage 2025

facultas.wuv Universitätsverlag, 1050 Wien, Österreich

Satz: Wandl Multimedia-Agentur
Printed in Austria
ISBN 978-3-7089-2626-1

Vorwort zur 23. Auflage

Vom vielfältigen Tätigkeitsbereich der Gerichte interessiert die Öffentlichkeit vorwiegend die Reaktion der Justiz auf Straftaten. Damit wird das Stoffgebiet des Strafrechts Allgemeiner Teil II auch von rechts- und kriminalpolitischen Erwägungen stark beeinflusst. Jede Gesellschaft und jede Zeit haben ihren eigenen Weg, mit Rechtsbrechern umzugehen. Daher ist es für das Verständnis der Rechtsfolgen von Straftaten nicht unwichtig, diese Hintergründe zu kennen und im Zusammenhang mit der daraus resultierenden gesetzlichen Regelung zu sehen.

Diese Lernunterlage will die dogmatischen Aspekte des Allgemeinen Teils II in prüfungsrelevanter Hinsicht kurz und übersichtlich darstellen. Literaturhinweise, die nur eine Auswahl ohne Anspruch auf Vollständigkeit darstellen, sollen der Vertiefung des Stoffes dienen. Die Diskussion von kriminalpolitischen Aspekten bleibt hingegen der Vorlesung vorbehalten. Die Lektüre dieses Buches kann daher den Besuch von Lehrveranstaltungen nicht ersetzen.

Die vorliegende 23. Auflage berücksichtigt Judikatur und Literatur bis Juni 2025 sowie das Strafrechtliche EU-Anpassungsgesetz 2025, das Budgetbegleitgesetz 2025 und das Informationsfreiheits-Anpassungsgesetz und gibt damit die Rechtslage ab 1. Jänner 2026 wieder.

Wien, im Juli 2025 *Oskar Maleczky*

Inhaltsverzeichnis

Abkürzungsverzeichnis

aA	anderer Ansicht
Abs	Absatz
aM	anderer Meinung
Anm	Anmerkung
AnwBl	Österreichisches Anwaltsblatt
ARHG	Auslieferungs- und Rechtshilfegesetz
AT	Allgemeiner Teil
AVG	Allgemeines Verwaltungsverfahrensgesetz
BAO	Bundesabgabenordnung
BDG	Beamten-Dienstrechtsgesetz
BewHG	Bewährungshilfegesetz
BG	Bundesgesetz, Bezirksgericht
BGBl	Bundesgesetzblatt
BlgNR	Beilagen zu den stenographischen Protokollen des Nationalrates
BM	Bundesministerium
BMI	Bundesministerium für Inneres
BMJ	Bundesministerium für Justiz
BT	Besonderer Teil
B-VG	Bundes-Verfassungsgesetz
ca	circa
ders	derselbe, -n
dgl	dergleichen
dh	das heißt
dies	dieselbe
DSGVO	Datenschutzgrundverordnung (EU) 2016/679
dzt	derzeit
E	Entscheidung
EGMR	Europäischer Gerichtshof für Menschenrechte
EO	Exekutionsordnung
EU-JZG	BG über die justizielle Zusammenarbeit in Strafsachen mit den Mitgliedern der EU
EuWEG	Europa-Wählerevidenzgesetz
EÜ	Entscheidungen in Übersicht (RZ)
EvBl	Evidenzblatt der Rechtsmittelentscheidungen
ff, f	folgende, -r
FS	Festschrift
FinStrG	Finanzstrafgesetz
GEG	Gerichtliches Einbringungsgesetz
gem	gemäß
GmbH	Gesellschaft mit beschränkter Haftung
GewO	Gewerbeordnung
GOG	Gerichtsorganisationsgesetz

GP	Gesetzgebungsperiode
GSchG	Geschworenen- und Schöffengesetz
hL	herrschende Lehre
hM	herrschende Meinung
hRsp	herrschende Rechtsprechung
idF	in der Fassung
idR	in der Regel
ieS	im engeren Sinn, im eigentlichen Sinn
iFamZ	Interdisziplinäre Zeitschrift für Familienrecht
iG	im Gegensatz
insbes	insbesondere
iSd	im Sinne des, – der
iSv	im Sinne von
iVm	in Verbindung mit
JA	Justizausschuss, Justizanstalt
JABl	Amtsblatt der österreichischen Justizverwaltung
JAP	Juristische Ausbildung und Praxisvorbereitung
JBl	Juristische Blätter
JGG	Jugendgerichtsgesetz
JSt	Journal für Strafrecht
lit	litera
LMSVG	Lebensmittelsicherheits- und Verbraucher-Schutzgesetz
LSK	Leitsatzkartei
max	maximal
MilStrG	Militärstrafgesetz
mind	mindestens
MRK	Europäische Menschenrechtskonvention
Nr	Nummer
NRsp	Neue Rechtsprechung des OGH (ÖJZ)
NRWO	Nationalratswahlordnung
ÖA	Der österreichische Amtsvormund
OGH	Oberster Gerichtshof
OLG	Oberlandesgericht
ÖJZ	Österreichische Juristenzeitung
Rsp	Rechtsprechung
RV	Regierungsvorlage
RZ	Österreichische Richterzeitung
S	Seite
SMG	Suchtmittelgesetz
sog	sogenannte, -r, -s
SPG	Sicherheitspolizeigesetz
StbG	Staatsbürgerschaftsgesetz
StEG	Strafrechtliches Entschädigungsgesetz
StGB	Strafgesetzbuch

StPdG	Strafrechtl. Probleme der Gegenwart (Schriftenreihe des BMJ)
StPO	Strafprozessordnung
str	strittig
StRÄG	Strafrechtsänderungsgesetz
StRegG	Strafregistergesetz
stRsp	ständige Rechtsprechung
StVG	Strafvollzugsgesetz
TilgG	Tilgungsgesetz
ua	und andere, -s; unter anderem
uä	und ähnliche, -s
UbG	Unterbringungsgesetz
UrhG	Urheberrechtsgesetz
uU	unter Umständen
va	vor allem
VbVG	Verbandsverantwortlichkeitsgesetz
vgl	vergleiche
WKStA	Zentrale Staatsanwaltschaft zur Verfolgung von Wirtschaftsstrafsachen und Korruption
WR	Wiener Richter
Z	Ziffer, Zahl
zB	zum Beispiel
ZDG	Zivildienstgesetz
ZPO	Zivilprozessordnung
ZStW	Zeitschrift für die gesamte Strafrechtswissenschaft
ZVR	Zeitschrift für Verkehrsrecht

Paragraphenangaben ohne Gesetzeszitat beziehen sich auf das StGB.

Einleitung

Literatur: Bericht der Expertenkommission zur Prüfung der staatlichen Reaktionen auf strafbares Verhalten in Österreich, ÖJZ 2004, 550; *Burgstaller*, Aktuelle Wandlungen im Grundverständnis des Strafrechts, JBl 1996, 362; *Sautner*, Überlegungen zur Einführung einer Wiedergutmachungsstrafe in das österreichische Strafrecht, JBl 2010, 341; *Nowakowski*, Die Grund- und Menschenrechte in Relation zur strafrichterlichen Gewalt, ÖJZ 1965, 281.

1. Der **Allgemeine Teil II** (§§ 17 bis 60) beschäftigt sich mit den **Rechtsfolgen** von Handlungen, die mit Strafe bedroht sind.

Dabei besteht im StGB eine **Mehrspurigkeit**:

- Den traditionellen Kern der Sanktionen bilden **Strafen**, die im Individualstrafrecht schuldhaftes Verhalten voraussetzen und ein mit Tadel verbundenes Übel darstellen.
- **Vorbeugende Maßnahmen** hingegen knüpfen an die Gefährlichkeit des Täters (bzw von Gegenständen), nicht aber an eine persönliche Vorwerfbarkeit an.
- **Vermögensrechtliche Anordnungen** können auch Personen treffen, die weder schuldhaft gehandelt haben noch als gefährlich einzustufen sind; damit soll ein unrechtmäßiger Vermögensvorteil, der aus einer oder durch eine Straftat erlangt wurde, rückgängig gemacht werden.
- Die **Verbandsgeldbuße** setzt keine Schuld voraus, sondern **Verbandsverantwortlichkeit**, die in bestimmten Fällen nur in der Beschreibung von Unrecht besteht und auf schuldhaftes, dem Verband zurechenbares Verhalten seiner Entscheidungsträger völlig verzichtet.
- Es besteht aber auch die Möglichkeit, auf strafbares Verhalten nicht notwendig mit formellen Sanktionen zu reagieren. Fälle nicht schwerer Kriminalität können durch **Diversion** bereinigt werden, womit am wenigsten schwer in die Rechtssphäre des Täters eingegriffen wird.

Aufgrund der differenzierten Reaktionsmöglichkeiten der Justiz und der Tatsache, dass nicht mehr nur die Strafe allein Rechtsfolge einer Straftat sein muss, wird „Strafrecht" mitunter auch schon als „Kriminalrecht" bezeichnet.

2. Strafrecht und insbes die Bestimmungen über die Rechtsfolgen mit Strafe bedrohter Handlungen unterstehen dem **Ultima-Ratio-Prinzip** und dem Gebot der **Verhältnismäßigkeit**. Der Staat darf nur dann mit Mitteln des gerichtlichen Strafrechts eingreifen, wenn andere Steuerungsmechanismen versagen. Rechtsfolgen sollen so wenig wie möglich und nur so weit wie nötig in Grundrechte der Normunterworfenen eingreifen. Diese Forderung richtet sich aber ebenso an den Rechtsanwender (das Gericht).

Rechtspolitisch als weniger gravierend eingestufte Ge- und Verbote werden im Verwaltungs(straf)recht geregelt. Dort normierte Rechtsfolgen haben nicht die stigmatisierende Wirkung gerichtlicher Strafen (keine Eintragung im Strafregister). Allerdings werden sie nicht von unabhängigen Gerichten vollzogen, die Verfahrensgarantien sind nicht so streng ausgebildet wie in der StPO. Daher besteht auch das verfassungsrechtliche Verbot, dass eine andere Institution als ein Gericht Freiheitsstrafen von mehr als 3 Monaten verhängen kann (Art 3 BVG über den Schutz der persönlichen Freiheit, Art 6 MRK).

Bei Schaffung und Anwendung von Strafrechtsnormen sind immer die **Zwecke des Strafrechts** im Auge zu behalten: Verhaltenssteuerung durch **Spezial- und Generalprävention**, dh die Verhinderung von Straftaten in der Zukunft. Dieser Gedanke beruht auf relativen Strafrechtstheorien, deren bedeutendster Vertreter ***Franz von Liszt*** (1851–1919) war. Zuvor herrschten absolute Strafrechtstheorien, welche Strafrecht als **Vergeltung** für vergangene Taten sahen und damit Gerechtigkeit verwirklichen wollten. Bekannteste Vertreter waren ***Kant*** und ***Hegel***. Vergeltung ist heute hingegen kein selbständiger Zweck des Strafrechts mehr.

3. Strafbare Handlungen werden in Verbrechen und Vergehen eingeteilt. **Verbrechen** sind Vorsatztaten, die mit lebenslanger oder mehr als dreijähriger Freiheitsstrafe bedroht sind. Alle anderen strafbaren Handlungen sind **Vergehen** (§ 17).

Diese Einteilung ist zB für § 20b Abs 2 (Bescheinigungslastumkehr bei Verfall), § 278 (Kriminelle Vereinigung), § 427 Abs 1 StPO (Abwesenheitsurteil), § 35 JGG (Enthaftung jugendlicher Beschuldigter) oder Art 57 Abs 2 B-VG (Verhaftung von Abgeordneten) von Bedeutung. Wird ein Vergehen im Urteil fälschlich als Verbrechen bezeichnet, begründet das keine Nichtigkeit (12 Os 42/80). Ob Jugendstraftaten Verbrechen sind, richtet sich nicht nach den durch § 5 JGG herabgesetzten Strafdrohungen (§ 5 Z 7 JGG).

I. Diversion

Literatur: Bericht der Expertenkommission zur Prüfung der staatlichen Reaktionen auf strafbares Verhalten in Österreich, ÖJZ 2004, 550; *Burgstaller/Grafl*, Fünf Jahre allgemeine Diversion, Miklau-FS 109; *Császár*, Kriminalität und Strafverfolgung, ÖJZ 2004, 879; *Glaeser/Stangl*, Wider die Abkehr von Opferorientierung, Ausgleich und Wiedergutmachung, ÖJZ 2015, 605; *Hilf*, Verfolgungsermessen und Diversion im Verbandsstrafverfahren, Miklau-FS 191; *Hinterhofer*, Diversion statt Strafe (2000); *ders*, Einleitung und Wiederaufnahme des Strafverfahrens nach bzw während diversioneller Erledigung, RZ 2003, 71; *Hofinger*, Konfliktregelung statt Strafe: Zwei Studien zur spezialpräventiven Wirkung des Tatausgleichs, RZ 2014, 91; *Löschnig-Gspandl*, Die Wiedergutmachung im österreichischen Strafrecht (1996); *dies*, Gedanken zur „Wiedergutmachung" in der Strafrechtspflege, JBl 1995, 769; *Luef-Kölbl*, Der Verdächtige und die Diversion, RZ 2002, 134; *Miklau/Schroll* (Hrsg), Diversion (1999); *Miklau*, Die Geldbußen sind nicht verfassungswidrig!, JSt 2005, 160; *Moos*, Der Außergerichtliche Tatausgleich für Erwachsene als strafrechtlicher Sanktionsersatz, JBl 1997, 337; *Oshidari*, Diversion bei Missbrauch der Amtsgewalt nach § 302 Abs 1 StGB, JSt 2015, 112; *Pernthaler/Ranacher*, Der verfassungswidrige „Ablasshandel", JBl 2002, 280; *Pleischl*, Das Diversionspaket, StPdG 1999, 221; *Plöckinger*, Diversion und europäisches Ne bis in idem, ÖJZ 2003, 98; *Schroll*, Diversion als Ausdruck eines Paradigmenwechsels der Strafrechtsdogmatik, Moos-FS 259; *ders*, Konfliktregelung bei Erwachsenen, JBl 1992, 93; *ders*, Die Fortentwicklung der Diversion durch die Rechtsprechung, Miklau-FS 501; *ders*, Die aktuelle Diversionsregelung, ÖJZ 2009, 20; Judikatur zu den Anwendungsvoraussetzungen der Diversion, ÖJZ 2013, 861; *ders*, Diversion – die Novellierung durch das StRÄG 2015, das JGG-ÄndG 2015 und das AbgÄG 2015, ÖJZ 2016, 213; *Schütz*, Die Rückfallshäufigkeit nach einem außergerichtlichen Tatausgleich bei Erwachsenen, RZ 1999, 161; *ders*, Strafgerichtliche Diversionsentscheidungen, Fuchs-FS 505; *Schwaighofer*, Der benachteiligte Verdächtige bei der Diversion, JSt 2005, 118; *ders*, Diversion nach Straßenverkehrsunfällen, ZVR 2008, 276; *Seiler*, Diversion – Eine Vision und ihre Umsetzung, AnwBl 2001, 445; *Walter/Zeleny*, Die Diversion durch den Staatsanwalt nach §§ 90a ff StPO in verfassungs- und verwaltungsrechtlicher Sicht, ÖJZ 2001, 447; *Zwinger*, Der außergerichtliche Tatausgleich für Erwachsene, StPdG 1995, 175.

A. Begriff und Wesen

Unter Diversion versteht man staatliche Reaktionen auf leichtere Straftaten weniger gefährlicher Täter, wobei auf ein formelles Strafverfahren verzichtet oder ein solches, ohne Schuldspruch und ohne eine formelle Sanktion zu verhängen, beendet wird. Diversion ist durch die freiwillige Mitwirkung des Beschuldigten und durch Aufrechterhaltung der Unschuldsvermutung gekennzeichnet. Sie hat überdies eine opferbezogene Ausrichtung.

Diversion bedeutet **keine Entkriminalisierung**. Die Tat bleibt strafbares Verhalten, sie führt lediglich nicht zur Sanktionierung, sondern zu einem dem Strafverfahren vorgeschalteten Verfahren, bei dem der Beschuldigte seine Bereitschaft, Verantwortung für die Tat zu übernehmen, unter Beweis stellt.

Durch Diversion bleibt ein Ersttäter unbescholten und wird daher **nicht stigmatisiert**. Aber auch bei Vorbestraften ist Diversion grundsätzlich nicht ausgeschlossen. Diversion führt zu **keinen** weiteren **rechtlichen Nachteilen**. Allerdings scheint der Beschuldigte im Geschäftsregister der Staatsanwaltschaft auf, sodass bei allfälligen späteren Anzeigen frühere diversionelle Erledigungen im Rahmen der Präventionsüberlegungen berücksichtigt werden können.

Da man erkannt hat, dass herkömmliche **Sanktionen destruktive Begleiterscheinungen** haben, wurde die Tendenz in den letzten Jahren immer stärker, diversionelle Maßnahmen auszubauen und damit **unnötige Entsozialisierung** von Straftätern zu vermeiden.

Diversionelle Maßnahmen gibt es im Suchtmittelstrafrecht bereits seit Anfang der 70er-Jahre („Therapie statt Strafe"). Auch im Jugendstrafrecht hat sich Diversion seit Mitte der 80er-Jahre, inbes aber seit Inkrafttreten des JGG 1988, bewährt. Bei Erwachsenen wurde Konfliktregelung (Außergerichtlicher Tatausgleich) seit 1992 im Modellversuch erfolgreich erprobt. Untersuchungen haben ergeben, dass Straffällige nach Anwendung eines Tatausgleiches weniger häufig rückfällig wurden als Verurteilte. Aufgrund der positiven Erfahrungen erfolgte schließlich eine umfassende gesetzliche Verankerung der Diversion 2000. Auch im Bereich der Verbandsverantwortlichkeit ist Diversion vorgesehen. Die praktische Bedeutung der Diversion ist hoch, es gibt mehr diversionelle Erledigungen als gerichtliche Verurteilungen.

Diversionelle Maßnahmen sind auch im Rahmen einer **Kronzeugenregelung** vorgesehen. Anders als bei der allgemeinen Diversion ist aber neben einem aktiven Reueverhalten (va das Offenbaren bestimmter Informationen) auch ein formelles Geständnis notwendig. Die Voraussetzungen dieser Zusammenarbeit mit der Staatsanwaltschaft sind in §§ 209a und 209b StPO geregelt (siehe unten I.).

Bei **Finanzstrafsachen** ist – mit Ausnahme bei Jugendstraftaten – Diversion nicht zulässig (§ 203 FinStrG).

B. Voraussetzungen

1. Diversion kommt in Betracht, wenn (§ 198 f StPO)

- ein **Offizialdelikt** vorliegt,
- der **Sachverhalt hinreichend geklärt** ist,
- das **Verfahren nicht** nach den §§ 190 bis 192 StPO einzustellen ist,
- die **Schuld** des Beschuldigten **nicht** als **schwer** anzusehen wäre und
- im Hinblick auf die konkrete diversionelle Maßnahme **weder spezial- noch generalpräventive Bedürfnisse** bestehen.

Diversion ist aber **ausgeschlossen**, wenn die Tat

- mit mehr als 5 Jahren Freiheitsstrafe bedroht ist oder
- den Tod eines Menschen zur Folge hatte.

Ausnahme:
- der Verdächtige hat den Tod eines Angehörigen verursacht,
- er hat nur fahrlässig gehandelt,
- er ist dadurch psychisch schwer belastet und
- deshalb erscheint eine Bestrafung nicht geboten.

Sonderregeln bestehen für (§ 198 Abs 3):

- **Amtsmissbrauch**: Diversion ist nur zulässig, wenn:
  - die Schädigung an Rechten bloß gering bzw unbedeutend und
  - keine Idealkonkurrenz mit §§ 304 bis 307 (Korruption) besteht.

  Die Rsp erachtet Fehleintragungen in öffentlichen Registern nur in Ausnahmefällen (zB einmalige Rückdatierung) als geringfügige Schädigung (17 Os 35/14x).
- **Sexualdelikte** (10. Abschnitt des BT): Diversion ist ausgeschlossen, wenn die Tat mit mehr als 3 Jahren Freiheitsstrafe bedroht ist.

2. Bei **Jugendstraftaten** und Straftaten **junger Erwachsener** kommt Diversion nach § 7 Abs 1 JGG auch in Betracht, wenn:

- die Tat mit mehr als 5 Jahren Freiheitsstrafe bedroht ist oder
- generalpräventive Bedürfnisse vorliegen, weil diese hier nicht zu berücksichtigen sind.

3. Bei **strafrechtlich verantwortlichen Verbänden** gelten folgende Abweichungen (§ 19 VbVG):

- Die „nicht schwere Schuld“ ist keine Voraussetzung für eine Diversion.
- Der Verband muss zwingend den Schaden gutgemacht sowie andere Tatfolgen beseitigt und dies unverzüglich nachgewiesen haben.
- Der Tatausgleich und Bewährungshilfe sind nicht vorgesehen.
- Die maximale Geldbuße beträgt 50 Tagessätze.
- Der vorläufige Rücktritt auf Probezeit ist bis zu einer Probezeit von 3 Jahren möglich.
- Gemeinnützige Leistungen unterliegen nicht den zeitlichen und sachlichen Beschränkungen des § 202 Abs 1 StPO.

4. Ob die **Schuld** des Beschuldigten **nicht schwer** ist, ist nach Strafzumessungsgesichtspunkten (§ 32) zu ermitteln. Keine Voraussetzung ist, dass die Schuld als nur gering anzusehen wäre.

Schwere Schuld (und damit Ausschluss der Diversion) ist allerdings nicht erst bei Überwiegen von Erschwerungsumständen (§ 33) anzunehmen, sondern wenn der Handlungs- und Gesinnungsunwert insgesamt eine Unwerthöhe erreicht, die im Wege einer überprüfenden Gesamtbewertung als auffallend und ungewöhnlich zu beurteilen ist (12 Os 111/18t), dh wenn bei gewichtender Wertung der Schuldkomponenten jener Unrechts- und Schuldgehalt erheblich überstiegen wird, der typischerweise von Tätern verwirklicht wird.

Dabei ist eine deliktsübergreifende Sicht maßgebend. Es ist darauf abzustellen, ob jene Schuld überschritten wird, die typischerweise bei Delikten verwirklicht wird, die der Diversion grundsätzlich zugänglich sind. Dies wird durch das Zitat des § 32 deutlich. Daher indiziert (auch grobe) Fahrlässigkeit ebenso wie eine Strafdrohung bis zu drei Jahren Freiheitsstrafe somit keine schwere Schuld iSd § 198 StPO (14 Os 87/19d).

Die Rsp nimmt insbes bei brutalem Vorgehen mit erheblichen Verletzungen (14 Os 84/06v), lebensgefährlicher Begehungsweise oder bei Angriffen übermächtiger Mittäter schwere Schuld an (11 Os 77/93); ebenso bei Speicherung und Weitergabe von Kinderpornos über einen längeren Zeitraum durch einen Sexualstraftäter (15 Os 190/98), Tatbegehung trotz anhängigem Strafverfahren (12 Os 113/12b) oder kurz nach einer Verurteilung (11 Os 141/11m), bei langem Tatzeitraum (14 Os 164/10i) bzw bei geringfügigen Schmiergeldzahlungen an Beamte, wenn dies regelmäßig und institutionell über Jahre hinweg erfolgt (12 Os 45/04). Bei Verkehrsunfällen ohne außergewöhnlich gravierenden Sorgfaltsverstößen, Begehung mehrerer Ladendiebstähle, die einem einzigen, nicht auf Tatwiederholung gerichteten Entschluss entspringen, oder provozierten Taten wird schweres Verschulden hingegen verneint (11 Os 64/12i, 15 Os 148/90). Bei Fehleintragungen in öffentlichen Registern möchte der OGH iG zu vereinzelten unberechtigten Registerabfragen (17 Os 35/14x) oder bei Konkurrenz von Amtsmissbrauch und Bestechung (17 Os 52/14x) nur in Ausnahmefällen schweres Verschulden verneinen.

5. Präventionsbedürfnisse sind in zweifacher Hinsicht zu berücksichtigen:

- Einerseits muss der Täter schon allein durch das bisherige Ermittlungsverfahren oder durch sonstige Umstände genügend abgeschreckt sein, weitere solche Straftaten zu begehen (**Spezialprävention**).
  Ein Geständnis ist keine Voraussetzung, sondern nur Schuldeinsicht, die sich im Eingehen auf eine Diversion und freiwilligen Erbringen einer Leistung manifestiert. Der Verdächtige muss daher (bloß) bereit sein, Verantwortung für die Tat zu übernehmen, nicht aber formell die Tat gestehen.

  Wer zunächst leugnet und erst nach dem Beweisverfahren, das ihn überführt, zur Diversion bereit ist, verdient diese aus spezialpräventiven Erwägungen allerdings nicht.

- Andererseits dürfen durch die Straflosigkeit des Täters andere Personen nicht bestärkt werden, Straftaten zu begehen, oder in ihrer Überzeugung geschwächt werden, dass es richtig ist, solche Taten zu unterlassen (**Generalprävention**). Näheres unten bei II.H.b und c.

6. Sind mehrere Straftaten in einem Verfahren zu beurteilen (**Realkonkurrenz**), so darf nicht hinsichtlich der einen Tat Diversion, hinsichtlich der anderen Tat ein Schuldspruch erfolgen, weil dies eine **unzulässige Reaktionskumulierung** darstellen würde. Eine Ausnahme besteht bei Konkurrenz einer allgemeinen Straftat mit einer nach dem SMG, weil die dort vorgesehene Diversion im Hinblick auf das Prinzip „Therapie statt Strafe" speziell ausgestaltet ist (siehe unten I.H.).

Beachte aber, dass auch bei Realkonkurrenz von strafbaren Handlungen nach dem SMG nicht wegen einer SMG-Tat Diversion und wegen der anderen SMG-Tat ein Schuldspruch erfolgen darf (12 Os 41/14m).

C. Verfahren

1. Da der **Staatsanwaltschaft** das Anklagerecht zusteht, ist Diversion primär ihre Angelegenheit. Liegen alle erforderlichen Voraussetzungen vor, tritt sie von der Verfolgung zurück. Dies ist möglich, solange sie noch nicht Anklage erhoben hat.

Danach hat sie lediglich die Möglichkeit, bei Gericht Diversion zu beantragen (§ 209 Abs 1 StPO).

Nach Erhebung der Anklage hat das **Gericht bis** zum **Schluss der Hauptverhandlung** diversionelle Maßnahmen von Amts wegen anzuwenden, wenn die Voraussetzungen dafür vorliegen. Vor Mitteilung an den Beschuldigten hat das Gericht aber die Staatsanwaltschaft zu hören. Das **Verfahren** wird **mit Beschluss** eingestellt (§ 199 StPO). Der Beschluss wird dem Beschuldigten erst zugestellt, nachdem er gegenüber der Staatsanwaltschaft rechtskräftig geworden ist (§ 209 Abs 2 StPO).

2. Ob ein bestimmter Fall für Diversion geeignet ist und welche Diversionsmaßnahme am sachgerechtesten wäre, kann auch vorweg durch die zu diesem Zweck als **Clearing-Stelle** beauftragte Geschäftsstelle für den Tatausgleich (§ 29 BewHG) beurteilt werden oder durch die Staatsanwaltschaft bzw das Gericht selbst (§ 208 Abs 1 StPO). Der **Beschuldigte** ist vor jeder Diversion über seine Rechte **zu informieren** (§ 207 Abs 1 StPO).

Auf begründeten Antrag des Beschuldigten kann ein festgesetzter Geldbetrag niedriger bemessen werden oder das gestellte **Diversionsangebot geändert** werden. Voraussetzung dazu ist, dass neu hervorgekommene oder nachträglich eingetretene Umstände ein solches Vorgehen erfordern (§ 208 Abs 2 StPO).

3. Bei jeder Diversion sind berechtigte **Opferinteressen** größtmöglich zu fördern, insbes **Wiedergutmachung** herbeizuführen. Auch das **Opfer** ist über seine Rechte **zu belehren** und über Opferschutzeinrichtungen und Prozessbegleitung zu informieren; es kann eine Vertrauensperson beiziehen. Vor einer Diversion ist ihm Gelegenheit zur **Stellungnahme** zu geben, wenn dies zur Wahrung seiner Interessen geboten erscheint, zB weil noch keine volle Schadensgutmachung erfolgt ist, jedenfalls aber bei Betretungs- und Annäherungsverbot zum Schutz vor Gewalt (§ 38a SPG), vorsätzlicher Gewaltanwendung, gefährlicher Drohung und Sexualdelikten.

Das Opfer ist jedenfalls **zu verständigen**, wenn der Beschuldigte zu Schadensgutmachung oder Tatfolgenausgleich bereit ist oder Pflichten übernimmt, welche die Interessen des Opfers unmittelbar berühren (§ 206 StPO). Endet ein Verfahren mit Diversion, kann das Opfer **nicht** nach § 195 StPO einen Antrag auf **Fortführung** des Ermittlungsverfahrens stellen **oder Subsidiaranklage** nach § 72 StPO erheben.

4. Bei Rücktritt von der Verfolgung bzw Beschluss auf Einstellung des Verfahrens sind die Kriminalpolizei, der Beschuldigte und das Opfer **zu verständigen**, wobei die maßgebenden Umstände dafür in Schlagworten anzugeben sind (§ 208 Abs 3 StPO).

5. Wenn das Gericht nicht von selbst ein **Diversionsangebot** macht, kann der **Beschuldigte** ein solches auch **beantragen**. Wird dieser Antrag abgewiesen, darf keine Hauptverhandlung durchgeführt werden, solange über eine Beschwerde gegen diesen Beschluss nicht entschieden wurde. Ebenso hat die Beschwerde gegen die nachträgliche Fortsetzung des Strafverfahrens aufschiebende Wirkung (§ 209 Abs 3 StPO).

Weder der Verdächtige noch die Staatsanwaltschaft hat ein Recht auf eine bestimmte Diversionsmaßnahme. Nur das Ausmaß (Unangemessenheit) der jeweiligen Maßnahme kann bekämpft werden.

Erfolgt trotz Vorliegen der Voraussetzungen durch das Gericht keine Diversion, sondern ein Schuldspruch, ist das **Verfahren nichtig** (§§ 281 Abs 1 Z 10a, 345 Abs 1 Z 12a StPO). Das **Urteil** ist vom Gerichtshof (bzw OGH) von Amts wegen **aufzuheben und** an das Erstgericht (erforderlichenfalls an das zuständige Bezirksgericht) zur Durchführung diversioneller Maßnahmen **zurückzuverweisen** (§§ 288 Abs 2 Z 2a, 470 Z 3, 475 Abs 4 StPO).

6. Die von verfassungsrechtlicher Seite gelegentlich geäußerte **Kritik** an diversionellen Maßnahmen **überzeugt nicht**.

Diversion durch die Staatsanwaltschaft verstößt **nicht gegen Art 6 MRK** (weil über strafrechtliche Anklagen ein unparteiisches Gericht zu entscheiden habe und der Beschuldigte Sanktionen ohne Gerichtsurteil zu erleiden hätte). Zum einen wird gerade nicht über die Schuld des Beschuldigten entschieden, weil offenbleibt, ob er die Tat begangen hat oder nicht. Der strafrechtliche Vorwurf wird nicht behandelt, sodass er auch nicht „rechtskräftig erledigt" ist. Der Staatsanwaltschaft ist es bloß verwehrt, diesen Vorwurf vom Gericht klären zu lassen. Zum anderen wird dem Beschuldigten auch keine Sanktion („Strafe auf Verdacht") „zugefügt". Strafe ist nämlich durch staatlichen Zwang gekennzeichnet, der diversionellen Maßnahmen völlig fehlt.

Dass diversionelle Maßnahmen (wie andere Lenkungsmaßnahmen, zB im Steuerrecht) präventiv und wie Strafen wirken, macht sie deshalb noch nicht zu staatlichen Sanktionen.

Diversion verstößt auch nicht gegen das Recht auf den **gesetzlichen Richter** oder den Grundsatz des **Anklageprozesses**, weil keine gerichtliche Verurteilung erfolgt und der Beschuldigte unbescholten bleibt. Er wird durch Diversion weder in seinen Rechten eingeschränkt, noch wird er durch sie belastet. Diversion stellt vielmehr ein zusätzliches Angebot neben einem gerichtlichen Strafverfahren dar und bringt (im Vergleich zur früheren Rechtslage) nur Vorteile.

D. Diversionelle Maßnahmen des allgemeinen Strafrechts

Als diversionelle Maßnahmen kommen in Betracht:

- Zahlung eines Geldbetrages (§ 200 StPO),
- gemeinnützige Leistung (§ 201 StPO),
- Probezeit mit allfälligen Pflichten bzw Bewährungshilfe (§ 203 StPO),
- Tatausgleich (§ 204 StPO),
- Schadenswiedergutmachung bzw Tatfolgenausgleich;

  Die Schadensgutmachung kommt nicht als selbständige Maßnahme in Betracht, ist aber möglichst mit **einer** der anderen Maßnahmen zu kombinieren, die **nicht nebeneinander** angewendet werden können.

- Einstellung wegen Geringfügigkeit (§ 191 StPO).

Bei strafrechtlich verantwortlichen Verbänden kommen Tatausgleich und Bewährungshilfe nicht in Betracht. Die Schadensgutmachung bzw der Tatfolgenausgleich und deren Nachweis sind (iG zum Individualstrafrecht) eine unabdingbare Voraussetzung und liegen somit nicht im Ermessen des Gerichtes.

a) Zahlung eines Geldbetrages

Dem Beschuldigten wird bekanntgegeben, dass er die Möglichkeit hat, **binnen 14 Tagen** nach Zustellung der Verständigung freiwillig

- einen bestimmten Geldbetrag an den Bund zu bezahlen und
- die Schadensgutmachung nachzuweisen (soweit nicht aus besonderen Gründen darauf verzichtet werden kann).

Der Geldbetrag darf nicht höher sein als eine Geldstrafe von 180 Tagessätzen (zu deren Bemessung siehe unten II.B.a und b) samt den Verfahrenskosten. Ist die Zahlungsfrist unbillig hart, kann **Zahlungsaufschub** bzw Ratenzahlung für höchstens 6 Monate gewährt werden. Bei neu hervorgekommenen oder nachträglich eingetretenen Umständen ist eine Änderung des Diversionsangebotes nach § 208 Abs 2 StPO möglich.

Bei Personen unter 21 Jahren muss angenommen werden können, dass der Beschuldigte den Geldbetrag aus eigenen Mitteln ohne Beeinträchtigung seines Fortkommens bezahlen kann (§§ 8 Abs 1, 19 Abs 2 JGG). Für einen strafrechtlich verantwortlichen **Verband** darf der Geldbetrag 50 Tagessätze nicht übersteigen (§ 19 Abs 1 Z 1 VbVG).

Bezahlt der Beschuldigte den Geldbetrag und macht er allenfalls den Schaden wieder gut, tritt die Staatsanwaltschaft von der Verfolgung zurück (stellt das Gericht das Verfahren ein).

Die Zahlung eines Geldbetrages kommt besonders bei häufigen Bagatelldelikten, zB Ladendiebstahl oder Verkehrsunfällen, in Betracht. Sie stellt den überwiegenden Anteil aller Diversionsmaßnahmen dar.

b) Gemeinnützige Leistung

Dem Beschuldigten wird mitgeteilt, dass er die Möglichkeit hat, binnen einer Frist von höchstens 6 Monaten nach Zustellung der Verständigung

- in seiner Freizeit bei einer geeigneten Einrichtung freiwillig **gemeinnützig zu arbeiten**,
- **Schadensgutmachung** bzw Tatfolgenausgleich nachzuweisen (soweit nicht aus besonderen Gründen darauf verzichtet werden kann) und
- einen **Pauschalkostenbeitrag** zu bezahlen.

Die gemeinnützige Arbeit muss in Art und Ausmaß bestimmt sein und darf täglich nicht mehr als 8, wöchentlich nicht mehr als 40 und insgesamt nicht mehr als 240 Stunden dauern; eine gleichzeitige Aus- oder Fortbildung bzw Berufstätigkeit des Beschuldigten ist zu berücksichtigen. Bei Jugendstraftaten beträgt die Obergrenze der gemeinnützigen Leistung täglich 6, wöchentlich 20 und insgesamt 120 Stunden (§ 8 Abs 2 JGG).

Für strafrechtlich verantwortliche **Verbände** gelten diese Beschränkungen nicht (§ 19 Abs 1 VbVG).

Zur Vermittlung der Arbeit kann eine in Sozialarbeit erfahrene Person eingesetzt werden (§ 29b BewHG, § 201 Abs 4 StPO). Die Staatsanwaltschaft führt eine **Liste von geeigneten Einrichtungen**, bei denen die Leistung erbracht werden kann (§ 202 Abs 2 StPO).

Erklärt sich der Beschuldigte nach Belehrung ausdrücklich zu den oben dargestellten Bedingungen **bereit**, tritt die Staatsanwaltschaft **vorläufig** von der Verfolgung zurück (stellt das Gericht das Verfahren vorläufig ein). Erst bei Erfüllung der gesetzten Bedingungen und nach Bezahlung eines Pauschalkostenbeitrags (§ 388 Abs 2 StPO) erfolgt der **endgültige** Rücktritt (endgültige Einstellung).

Gemeinnützige Leistungen eignen sich für Diversion gut, wenn keine konkreten Opferinteressen bestehen (zB Verletzung von Universalrechtsgütern). Von dieser Maßnahme wird am seltensten Gebrauch gemacht.

c) Probezeit

Dem Beschuldigten wird mitgeteilt, dass die Staatsanwaltschaft **für eine Probezeit von 1 bis 2 Jahren** vorläufig von der Verfolgung zurücktritt, wenn er sich ausdrücklich bereit erklärt,

- bestimmte **Pflichten** zu erfüllen, die als **Weisungen** (§ 51) erteilt werden könnten, zB Schadensgutmachung, Besuch eines Kurses oder einer Therapie, Alkoholverbot, Fernhalten von bestimmten Orten oder Personen, Wohnen an einem bestimmten Ort (siehe dazu unten II.L.a.),
- sich durch einen **Bewährungshelfer** (§ 52) betreuen zu lassen und
- einen **Pauschalkostenbeitrag** zu bezahlen.

Aus besonderen Gründen kann von der Auferlegung von Pflichten und Bewährungshilfe abgesehen werden (§ 203 Abs 2 StPO).

Bei strafrechtlich verantwortlichen **Verbänden** kann die Probezeit weniger als 1 Jahr und bis zu 3 Jahre betragen. Bewährungshilfe ist nicht vorgesehen (§ 19 Abs 1 Z 2 VbVG).

Mit Verständigung von der Probezeit bzw nachdem sich der Beschuldigte **nach Belehrung ausdrücklich bereit erklärt** hat, bestimmte Pflichten zu erfüllen und einen Pauschalkostenbeitrag zu bezahlen, tritt die Staatsanwaltschaft **vorläufig** von der Verfolgung zurück (stellt das Gericht das Verfahren vorläufig ein). Nach Ablauf der Probezeit und Erfüllung allfälliger Pflichten tritt die Staatsanwaltschaft **endgültig** von der Verfolgung zurück (stellt das Gericht das Verfahren endgültig ein).

Die **Probezeit beginnt mit der Zustellung** der entsprechenden Mitteilung an den Beschuldigten, die diesem selbst (nicht seinem allfälligen Vertreter) zu eigenen Handen zuzustellen ist (§ 83 Abs 4 StPO).

Durch Auferlegen zusätzlicher Pflichten eignet sich diese Maßnahme aber auch als Reaktion auf Verkehrsunfälle außerhalb des Bagatellbereiches, die eine fahrtechnische Nachschulung erfordern. In den Anwendungsbereich fallen aber auch Konflikte im sozialen Nahbereich, die keiner Aufarbeitung durch einen Tatausgleich bedürfen.

d) Tatausgleich

Ein Tatausgleich kommt in Betracht, wenn durch die Tat **Rechtsgüter** einer Person unmittelbar **beeinträchtigt** sein könnten. **Ziel** des Tatausgleiches ist ein **Interessenausgleich**, bei dem der Beschuldigte sich mit seiner Tat und deren Ursachen auseinandersetzt und bereit ist, für sie einzustehen. Insbesondere muss er bereit sein, den Schaden gutzumachen bzw die Tatfolgen auszugleichen. Erforderlichenfalls muss er Bereitschaft bekunden, Verhaltensweisen, die zur Tat geführt haben, künftig zu unterlassen (zB durch Alkoholentzug, Therapie, Anti-Aggressions-Training). Die Interessen des Verletzten sind jedenfalls zu berücksichtigen.

Das Zustandekommen eines Tatausgleiches ist – mit Ausnahme bei Jugendstraftaten und Straftaten junger Erwachsener (§§ 8 Abs 3, 19 Abs 2 JGG) – von der **Zustimmung des Verletzten** abhängig zu machen. Diese darf aber nicht aus Gründen verweigert werden, die im Strafverfahren nicht berücksichtigungswürdig sind (zB Rache).

Liegt ein solcher (erfolgreicher) Tatausgleich bereits vor oder wird er von der Staatsanwaltschaft (dem Gericht) durchgeführt, und hat der Beschuldigte einen Pauschalkostenbeitrag nach § 388 Abs 2 StPO bezahlt, tritt die Staatsanwaltschaft von der Verfolgung zurück (stellt das Gericht das Verfahren ein).

Andernfalls tritt die Staatsanwaltschaft bloß **vorläufig** von der Verfolgung zurück (stellt das Gericht das Verfahren bloß vorläufig ein) und ersucht eine in Sozialarbeit erfahrene Person, einen Konfliktregler (Mitarbeiter der Bewährungshilfe,

§ 29a BewHG), alle Beteiligten bei einem Tatausgleich zu unterstützen. Der **Konfliktregler** nimmt mit dem Beschuldigten, seinem Vertreter und dem Opfer Kontakt auf und unterrichtet sie über das Wesen, den Inhalt, den Ablauf und die Folgen des Tatausgleiches. Nach Abklären der verschiedenen Ausgangspositionen, Erwartungen und Bereitschaften wird in einem gemeinsamen Gespräch eine Bereinigung des Konflikts erarbeitet, die vom Konfliktregler auch kontrolliert wird. Das Opfer kann dabei – wie überhaupt im diversionellen Verfahren – eine **Vertrauensperson beiziehen**.

Der Konfliktregler berichtet der Staatsanwaltschaft (dem Gericht) vom Ergebnis des Tatausgleiches, insbes über getroffene **Ausgleichsvereinbarungen**. Im Falle eines Fehlschlags genügt die Mitteilung, in welchem Umfang Gespräche stattgefunden haben. In diesem Fall wird das Verfahren nach § 205 StPO fortgesetzt. Er ist jedermann zur **Verschwiegenheit verpflichtet**, soweit die Geheimhaltung im Interesse eines Beteiligten ist; ausnahmsweise darf er aber als Zeuge vom Gericht über den Inhalt einer Ausgleichsvereinbarung vernommen werden (§ 29a Abs 5 BewHG). Die Verschwiegenheitspflicht soll sicherstellen, dass ein Beschuldigter, der an einem Tatausgleich teilnimmt, im nachfolgenden Strafverfahren nicht dadurch belastet wird, dass der Konfliktregler als Zeuge über ein allfälliges Geständnis aussagt.

Ist der Tatausgleich erfolgreich und bezahlt der Beschuldigte einen **Pauschalkostenbeitrag**, tritt die Staatsanwaltschaft **endgültig** von der Verfolgung zurück (stellt das Gericht das Verfahren endgültig ein).

Ein Tatausgleich eignet sich besonders gut, um **Konflikte im sozialen Nahbereich** (Familie, Nachbarschaft, Arbeitsplatz) zu regeln und **situative Fälle** (Aggressionsausbruch im Straßenverkehr oder in Lokalen) positiv aufzuarbeiten. Durch den Einsatz speziell geschulter Sozialarbeiter ist es möglich, das gesamte (auch strafrechtlich nicht unmittelbar relevante) Umfeld, das zur Tat geführt hat, zu berücksichtigen und zielführende Anstöße für eine konfliktfreiere Zukunft zu geben. Bei Verletzung von Universalrechtsgütern kommt ein Tatausgleich dann in Betracht, wenn dabei gleichzeitig Individualrechtsgüter betroffen sind (zB Angriff gegen einen Beamten bei § 269; JA 406 BlgNR 22. GP, 22). Für strafrechtlich verantwortliche Verbände gibt es keinen Tatausgleich.

e) Schadensgutmachung bzw Tatfolgenausgleich

Allen Diversionsmaßnahmen ist gemeinsam, dass sie so weit wie möglich die Interessen des Opfers zu fördern haben. Während die **einzelnen Diversionsmaßnahmen** (Geldbuße, gemeinnützige Leistung, Tatausgleich, Probezeit mit allfälliger Weisung und Bewährungshilfe) **nicht kumuliert** werden können, ist es **bei jeder** dieser Varianten **hingegen** grundsätzlich geboten, **Schadensgutmachung bzw Tatfolgenausgleich** herbeizuführen, was deren **vorrangige Bedeutung** hervorhebt. Wiedergutmachung ist aber nicht als eigenständige, sondern als zusätzliche Diversionsmaßnahme ausgestaltet.

Dabei darf Wiedergutmachung aber **nicht** automatisch **mit** zivilrechtlichem **Schadenersatz gleichgesetzt** werden. International wird Wiedergutmachung im Rahmen einer Diversion als Interaktionsprozess zwischen Täter und Opfer verstanden, der den kriminellen Konflikt heilt und Frieden zwischen den Beteiligten schafft. Daher kann Wiedergutmachung auch im Ausgleich immaterieller Werte, Hilfeleistungen, Versöhnung, einer Entschuldigung oder in symbolischer Schadensgutmachung bestehen (*Löschnig-Gspandl*, Die Wiedergutmachung im österr. Strafrecht, 8 ff).

Bei strafrechtlich verantwortlichen **Verbänden** ist Schadensgutmachung bzw Tatfolgenausgleich eine unabdingbare **Voraussetzung** für eine Diversion, ebenso, dass dieser Umstand vom Verband unverzüglich nachgewiesen wird (§ 19 Abs 1 VbVG).

Bei Personen unter 21 Jahren ist darauf zu achten, dass das Fortkommen des Verdächtigen durch die Schadensgutmachung nicht unbillig erschwert wird (§§ 8 Abs 4, 19 Abs 2 JGG).

f) Einstellung wegen Geringfügigkeit

Als **schlichte bzw nicht-intervenierende Diversionsform**, die durch reaktionslose Vorgangsweise gekennzeichnet ist, sieht § 191 StPO die Einstellung des Verfahrens durch die Staatsanwaltschaft bzw das Gericht vor, wenn

- bei einem Offizialdelikt mit **höchstens 3 Jahren Freiheitsstrafe**
- der **Störwert der Tat** als **gering** anzusehen wäre und
- **weder spezial- noch generalpräventive Bedürfnisse** für eine Bestrafung oder diversionelle Maßnahmen nach den §§ 298 ff StPO bestehen.

Bei Jugendstraftaten ist nicht von den durch § 5 JGG geänderten Strafdrohungen auszugehen (§ 5 Z 7 JGG).

Der **Störwert der Tat** ist zu beurteilen in Abwägung

- der Schuld,
- der Folgen der Tat,
- des Verhaltens des Beschuldigten nach der Tat (zB Schadensgutmachung) und
- sonstiger Umstände, die auf die Strafbemessung Einfluss hätten.

E. Kostenbeitrag

Eine diversionelle Erledigung nach den §§ 198 ff StPO setzt voraus, dass der Beschuldigte einen Pauschalkostenbeitrag nach § 388 StPO bis zu 250 € bezahlt. Bei Vorschreibung der Geldbuße ist der Kostenbeitrag nicht notwendig eigens auszuweisen; zur Nachvollziehbarkeit der Berechnung der Geldbuße wird dies von der Praxis aber dennoch empfohlen.

Keine Geldbuße, sondern nur Pauschalkosten (und Schadensgutmachung) für eine diversionelle Erledigung zu verlangen, ist gesetzwidrig (12 Os 31/14x).

Bei **Bemessung** des Beitrages sind die Belastung der befassten Behörden und das Ausmaß der diesen nicht besonders zu vergütenden Auslagen, aber auch das Vermögen, das Einkommen und die anderen für die wirtschaftliche Leistungsfähigkeit des Beschuldigten maßgebenden Umstände zu berücksichtigen (§ 381 Abs 5 StPO). Neben dem allgemeinen Aufwand der Gerichte und der Kriminalpolizei sind auch Sachverständigengebühren sowie eine Vergütung für Auskünfte, Befunde und Gutachten von Behörden (§ 381 Abs 1 Z 1 bis 3 StPO) nach § 388 Abs 1 StPO zu berücksichtigen.

Im Fall gemeinnütziger Leistungen oder eines Tatausgleiches sind Sachverständigengebühren und Vergütungen für Auskünfte, Befunde und Gutachten nicht zu berücksichtigen (§ 388 Abs 2 StPO).

Absolviert ein Verdächtiger während der Probezeit ein (vom Bund finanziertes) pädagogisch begleitetes Programm zur Sensibilisierung für den nationalsozialistischen Völkermord oder andere nationalsozialistische Verbrechen gegen die Menschlichkeit, so ist ihm ein Pauschalkostenbeitrag bis zu 500 Euro aufzuerlegen (§ 3o Abs 1 VerbotsG).

Vom Kostenbeitrag kann **abgesehen** werden, wenn ansonsten der zur einfachen Lebensführung notwendige Unterhalt des Beschuldigten oder seiner Familie, Schadensgutmachung, Tatfolgenausgleich oder die Erfüllung des Tatausgleiches (§ 388 Abs 3 StPO) oder das Fortkommen eines jugendlichen Beschuldigten (§ 45 Abs 2 JGG) gefährdet wäre.

F. Nachträgliche Einleitung oder Fortsetzung des Strafverfahrens

Erfolgte ein vorläufiger Rücktritt von der Verfolgung oder wurde das Strafverfahren vorläufig eingestellt, ist es von der Staatsanwaltschaft einzuleiten bzw vom Gericht fortzusetzen, wenn:

- der Beschuldigte dies beantragt;
- er die ihm bekanntgegebenen **Bedingungen** einer Diversion **ablehnt**;
- er den Geldbetrag, die Schadensgutmachung, die gemeinnützige Leistung oder den Pauschalkostenbeitrag nicht vollständig oder rechtzeitig bezahlt bzw erfüllt;

  Ausnahme: Ein Absehen vom Strafverfahren ist aus besonderen Gründen vertretbar (zB weil der Beschuldigte bloß geringfügig zu wenig oder zu spät bezahlt, weil er Bankspesen oder die Überweisungsdauer nicht berücksichtigt).

- der Tatausgleich nicht erfolgreich zustande kommt;
- er übernommene Pflichten nicht hinreichend erfüllt oder sich beharrlich dem Einfluss des Bewährungshelfers entzieht.

Ausnahme: Es bestehen keine spezialpräventiven Gründe für ein Strafverfahren. **Ändern sich Umstände**, welche für die Höhe des Geldbetrages oder für die Art und den Umfang der sonstigen Verpflichtungen maßgebend waren, erheblich und träfe den Beschuldigten daher die Einhaltung der vorgegebenen **Bedingungen unbillig hart**, können diese angemessen **geändert** werden („Härteklausel“, § 205 Abs 4 StPO).

Überdies ist das Verfahren fortzusetzen, wenn gegen den Beschuldigten wegen einer neuen oder neu hervorgekommenen Tat ein **Strafverfahren** vor Ablauf der Probezeit oder des Berichtes des Konfliktreglers über den Tatausgleich **eingeleitet und** in weiterer Folge **Anklage erhoben** wird.

Ausnahme: Es bestehen keine spezialpräventiven Gründe für ein Strafverfahren.

Beachte: Ab dem Zeitpunkt der Anklageerhebung kann das Strafverfahren nur innerhalb von 3 Monaten fortgesetzt werden, selbst wenn inzwischen die Probezeit abgelaufen ist.

Endet das Strafverfahren wegen der neuen bzw neu hervorgekommenen Tat aber **nicht** mit **Schuldspruch**, ist die diversionelle Erledigung des „alten“ Verfahrens fortzusetzen.

Wird nach anfänglicher Diversion das Strafverfahren fortgesetzt, sind allfällig **bereits bezahlte Geldbeträge** auf eine unbedingte Geldstrafe anzurechnen. Andere erbrachte Leistungen sind bei der Strafbemessung entsprechend zu berücksichtigen. Wird der Beschuldigte hingegen freigesprochen oder sonst außer Verfolgung gesetzt, ist ein bereits bezahlter Geldbetrag (und nur dieser!) zurückzuzahlen.

Bei der Anrechnung des Geldbetrages auf eine unbedingte Geldstrafe ist § 38 Abs 1 Z 1 sinngemäß anzuwenden, sodass die Anrechnung mit Beschluss zu erfolgen hat und so das Gesamtausmaß der Strafe transparent bleibt (siehe unten II.D.). Sie ist Teil des Strafausspruchs des Urteils (§ 260 Abs 1 Z 3 StPO) und darf nicht erst später erfolgen. Im Falle einer zuvor erbrachten gemeinnützigen Leistung ist ein konkreter Zeitraum anzuführen, der angerechnet wird, sodass die Höhe der zu vollziehenden Strafe ausdrücklich aus dem Urteil hervorgeht (12 Os 133/15y).

Setzt die Staatsanwaltschaft ein Verfahren **zu Unrecht** fort, kann der Angeklagte im Schöffen- und Geschworenenverfahren gem § 212 Z 8 StPO **Einspruch gegen die Anklageschrift** erheben. Der Einzelrichter kann in einem solchen Fall den **Strafantrag zurückweisen** (§§ 215 Abs 3, 485 Abs 1 Z 2 StPO).

Nach einem **endgültigen Rücktritt** von der Strafverfolgung **oder** einer **endgültigen Einstellung** des Verfahrens ist die Fortsetzung nur im Rahmen der **ordentlichen Wiederaufnahme** (§§ 352 ff StPO) möglich.

Eine Wiederaufnahme zugunsten des Beschuldigten kommt nicht in Betracht (15 Os 18/05v). Außerhalb des Anwendungsbereiches des § 205 StPO kann ein Verfahren formlos fortgesetzt werden, wenn während eines schwebenden Diversionsverfahrens die Voraussetzungen für eine Diversion nach § 198 Abs 2 StPO wegfallen (zB durch den Tod des zunächst nur verletzten Opfers; 14 Os 56/03) oder neue Beweismittel beigebracht werden, die eine Diversion unzulässig machen (*Hinterhofer*, RZ 2003, 75).

G. Absehen von der Verfolgung im Jugendstrafrecht

Zusätzlich zu den allgemeinen Diversionsmaßnahmen der StPO hat die Staatsanwaltschaft bei Jugendstraftaten die Möglichkeit, von der Verfolgung ohne weitere Bedingung oder Verfahren abzusehen (§ 6 Abs 1 JGG), wenn

- die Jugendstraftat (nach § 5 JGG) nicht mit mehr als 5 Jahren Freiheitsstrafe bedroht ist,
- die Voraussetzungen des § 198 StPO (iVm § 7 Abs 1 JGG) vorliegen,
- die Tat nicht den Tod eines Menschen zur Folge hatte und
- Diversionsmaßnahmen nach §§ 198 ff StPO präventiv nicht notwendig sind.

Als reaktionslose Erledigung ist ein Verfolgungsverzicht nach § 6 JGG daher als **schlichte bzw nicht-intervenierende Diversion** zu beurteilen.

Der **Beschuldigte** ist vom Verfolgungsverzicht allerdings **zu verständigen**. Dies kann unterbleiben, wenn über Antrag der Staatsanwaltschaft das **Pflegschaftsgericht** den Beschuldigten über das Unrecht und mögliche Folgen von Taten wie der angezeigten **belehrt** (§ 6 Abs 2 JGG).

Leitet die Staatsanwaltschaft trotz Vorliegen der angeführten Voraussetzungen wegen der Tat ein Strafverfahren ein, hat das **Gericht** dieses von Amts wegen spätestens bis zum Schluss der Hauptverhandlung **mit Beschluss einzustellen** (§ 6 Abs 3 JGG).

H. Diversionelle Maßnahmen des SMG

Literatur: *Ebensperger*, Abgrenzung und Bedeutung der Beschaffungskriminalität, RZ 2000, 79; *Venier*, Die neuen Diversionsbestimmungen und das SuchtmittelG, JBl 2000, 223.

1. Für eine **Probezeit von einem Jahr** hat die Staatsanwaltschaft gem § 35 Abs 9 SMG bzw das Gericht gem § 37 SMG **von der Verfolgung vorläufig zurückzutreten bzw das Verfahren vorläufig einzustellen**, wenn:

- die Kriminalpolizei der Staatsanwaltschaft einen **Abtretungsbericht** nach § 13 Abs 2b SMG schickt (bloßer Verdacht, Täter habe gegen § 27 Abs 1 und 2 SMG ausschließlich für den eigenen Gebrauch oder für den eines anderen verstoßen, ohne dass diese daraus einen Vorteil gezogen haben) und
- **keine weitere Klärung** des Sachverhalts erforderlich ist.

In diesen Fällen meldet die Kriminalpolizei den Sachverhalt auch der Bezirksverwaltungsbehörde, die den Täter ärztlich untersuchen lässt bzw von ihm gesundheitsbezogene Maßnahmen abverlangt.

2. Für eine **Probezeit von 1 bis 2 Jahren** hat die Staatsanwaltschaft gem § 35 SMG bzw das Gericht gem § 37 SMG **von der Verfolgung vorläufig zurückzu-**

treten bzw das Verfahren vorläufig einzustellen, dies unter folgenden Voraussetzungen:

- **Stellungnahme einer ärztlichen Einrichtung** der Justiz oder der Bezirksverwaltungsbehörde, ob und welche gesundheitsbezogene Maßnahme (zB Entzug, Beratung, Therapie) zweckmäßig wäre und ob diese nicht von vornherein aussichtslos ist; zuvor hat die Bezirksverwaltungsbehörde eine ärztliche Untersuchung zu veranlassen;

  Diese Stellungnahme (samt Untersuchung) hat zu entfallen, wenn es um bestimmte Stoffe zum ausschließlich persönlichen Gebrauch des Täters bzw zum ausschließlichen Gebrauch eines anderen ohne Vorteil für den Täter geht oder gegen den Betreffenden in den letzten 5 Jahren noch nicht ermittelt wurde (§ 35 Abs 4 SMG).

- allfällige **Zustimmung des Beschuldigten** (und seines gesetzlichen Vertreters),
  - sich einer nicht offenbar aussichtslosen, notwendigen und zumutbaren **gesundheitsbezogenen Maßnahme** zu unterziehen;
  - allfällige Pflichten, die als Weisungen erteilt werden könnten, zu übernehmen;
- allfällige **Bereitschaft des Beschuldigten** (und Zustimmung seines gesetzlichen Vertreters), sich durch einen Bewährungshelfer betreuen zu lassen;

  Eine stationäre Therapie ist mit 6 Monaten begrenzt (§ 35 Abs 6 SMG).

- Bezahlung eines **Kostenbeitrages** nach § 388 StPO (§ 35 Abs 8 SMG; siehe oben E.).

3. Dieser vorläufige Rücktritt nach § 35 Abs 1 und 2 SMG ist möglich **hinsichtlich folgender Straftaten**:

- §§ 27 Abs 1 und 2 sowie 30 SMG, sofern die Tat ausschließlich für den eigenen Gebrauch begangen wurde oder für den persönlichen Gebrauch eines anderen, ohne daraus einen Vorteil zu ziehen (§ 35 Abs 1 SMG).

  In diesem Fall ist Diversion zwingend vorzunehmen; dies selbst, wenn andere allgemeine Straftaten (und nicht andere Suchtmitteldelikte) zusätzlich vorgeworfen werden, die nicht diversionell erledigt werden können, oder auf bereits verurteilte Suchtmitteldelikte nach §§ 31, 40 (siehe unten VIII.C.) Bedacht zu nehmen wäre (13 Os 134/05p). Begeht der Beschuldigte während der Probezeit neuerlich eine Straftat nach den §§ 27 Abs 1 und 2 oder 30 SMG, hindert dies eine nochmalige Diversion grundsätzlich nicht, allerdings nur unter den strengeren Voraussetzungen des § 35 Abs 2 SMG (siehe gleich unten).

- §§ 28 und 28a SMG, soweit der Beschuldigte süchtig ist, §§ 27, 30 und 31a SMG sowie sämtliche in Zusammenhang mit der Beschaffung von Suchtmitteln begangenen Straftaten, wenn (§ 35 Abs 2 SMG)
  - keine Zuständigkeit des Schöffen- oder Geschworenengerichts besteht,
  - die Schuld nicht als schwer anzusehen ist und
  - keine spezialpräventiven Gründe vorliegen.

4. Das **Strafverfahren** ist **fortzusetzen**, wenn innerhalb der Probezeit (§ 38 SMG):

- der Beschuldigte dies verlangt,
- die Bezirksverwaltungsbehörde im Fall eines Abtretungsberichtes der Kriminalpolizei mitteilt, der Täter lasse sich nicht untersuchen oder verweigere gesundheitsbezogene Maßnahmen,
- nach vorläufigem Rücktritt nach § 35 Abs 1 und 2 SMG wegen eines weiteren Verstoßes gegen das SMG oder einer im Zusammenhang mit der Gewöhnung stehenden Straftat ein Strafantrag gestellt wird; wird dieses Verfahren aber nicht mit Schuldspruch beendet, so ist die diversionelle Maßnahme wiederherzustellen.

  Für die Fortsetzung des Verfahrens besteht keine Frist (analog § 56), es genügt, dass der Antrag auf Bestrafung wegen der neuen Tat innerhalb der Probezeit gestellt wird. Allerdings ist zu prüfen, ob unter Berücksichtigung von § 58 und § 35 Abs 8 SMG die frühere Tat nicht schon verjährt ist (13 Os 3/00).

5. Grundsätzlich sind auch bei Suchtmitteldelikten die Bestimmungen der StPO über Diversion anwendbar, es dürfen aber nicht die jeweiligen diversionellen Maßnahmen kumuliert werden.

Erfüllt der Beschuldigte daher sowohl die Voraussetzungen der StPO als auch jene des SMG, so ist die für ihn günstigere (dh weniger belastende) zu wählen (11 Os 81/02; 301 BlgNR 23. GP 2).

Setzt die Staatsanwaltschaft ein Verfahren **zu Unrecht** fort, kann der Angeklagte im Schöffen- und Geschworenenverfahren gem § 212 Z 8 StPO **Einspruch gegen die Anklageschrift** erheben. Der Einzelrichter kann in einem solchen Fall den **Strafantrag zurückweisen** (§§ 215 Abs 3, 485 Abs 1 Z 2 StPO).

I. Kronzeugenregelung

Literatur: *Bielesz,* (Große) Kronzeugenregelung „Reloaded“, ecolex 2017, 124; *Kert/Schroll,* Die Kronzeugenregelung und ihre Grenzen, ZWF 2022, 166; *Nimmervoll,* Die neue „große Kronzeugenregelung“, JBl 2018, 623; *Öner*, Die Kronzeugenregelung nach § 209a StPO, JAP 2021/2022, 196.

a) Wesen der Kronzeugenregelung

Die Kriminalpolizei und die Staatsanwaltschaft stehen oft va bei Wirtschafts- und Korruptionsstraftaten vor dem Problem, diese ohne Insiderwissen kaum aufklären zu können. Bei einem solchen **Ermittlungsnotstand** sind sie auf Geständnisse der Täter angewiesen. Vor allem im Bereich der organisierten Kriminalität gehört die Verweigerung jeglicher Information zu einer erfolgreichen Strategie, Strafverfolgung abzuwenden. Um diesem Zustand zu begegnen, bestehen in vielen Ländern Regelungen, die solche Geständnisse mit Strafnachlass bzw Strafmilderung belohnen.

In Österreich wurde 2011 eine Kronzeugenregelung eingeführt und zuletzt 2021 novelliert. Dem Wesen nach handelt es sich aber nicht um einen Handel zwischen Staatsanwaltschaft und Verdächtigen, bei der die Anklagebehörde dem Insider Straffreiheit bzw Strafmilderung anbietet, um ihn zum Offenbaren von Informationen zu bewegen. Vielmehr ist sie (der tätigen Reue ähnlich) als **„goldene Brücke“** ausgestaltet, die voraussetzt, dass der Täter freiwillig und reumütig seine Zuwendung zur Legalität durch einen wesentlichen Beitrag zur Tataufklärung unter Beweis stellt. Er muss notwendig die Verfolgung eines anderen Täters ermöglichen (dh die Aufklärung nur der eigenen Tat ist zu wenig); ein führender oder auch nur mitbestimmender Tatbeitrag schließt die Anwendung der Kronzeugenregelung aus.

Die nun geltende Regelung beruht auf einer **Erweiterung der Diversion**. Die Staatsanwaltschaft ist nämlich strukturell nicht in der Lage, einem Verdächtigen ein bestimmtes Strafausmaß zuzusichern, weil dieses von unabhängigen Gerichten bestimmt wird. Die nachfolgend dargestellten Regelungen sind bis **31.12.2028 befristet** (§ 514 Abs 35 StPO).

b) Voraussetzungen

Als **Kronzeugentat** kommt (nur) in Betracht (§ 209a Abs 1 StPO):

- Zuständigkeit des Schöffen- oder Geschworenengerichts oder
- Zuständigkeit der WKStA (§ 20a StPO) oder
- wenn die WKStA zwar nicht zuständig ist, aber nach § 20b StPO die Zuständigkeit an sich ziehen könnte, oder
- Verbrecherisches Komplott (§ 277), Kriminelle Vereinigung (§ 278), Kriminelle Organisation (§ 278a), Terroristische Vereinigung (§ 278b) oder einer Tat, die mit diesen Delikten in Zusammenhang steht.

Der Beitrag des Kronzeugen muss folgender Weise beschaffen sein (§ 209a Abs 1 StPO):

- Er tritt **freiwillig** an die Kriminalpolizei oder Staatsanwaltschaft heran,
- legt ein reumütiges **Geständnis** über seinen eigenen Tatbeitrag ab,
- offenbart sein Wissen über **neue** Tatsachen oder Beweismittel und
- trägt dazu wesentlich bei
  - die **umfassende Aufklärung** der Kronzeugentat über seinen eigenen Tatbeitrag hinaus zu fördern oder
  - **führende Personen** einer Tat nach §§ 277 bis 278b auszuforschen.

Ausgeschlossen ist die Diversion aber, wenn (§ 209a Abs 2 und 3StPO):

- der Betreffende bereits wegen der Kronzeugentat als Beschuldigter nach §§ 164 f StPO vernommen wurde,
- wegen der Kronzeugentat gegen ihn Zwang ausgeübt wurde (zB Hausdurchsuchung, Auskunft aus Kontenregister usw) oder
- spezialpräventive Gründe vorliegen.

  Bei Beurteilung der Spezialprävention sind zu berücksichtigen: Gewicht des Insiderwissens für die Aufklärung, Verhältnis zu Art und Ausmaß des eigenen Tatbeitrags.

Nebenstrafen finden sich auch in Nebengesetzen, zB Verfall nach dem FinStrG oder der Ausschluss vom Wahlrecht nach § 22 NRWO und § 3 EU-WählerevidenzG (siehe unten E.).

2. Schuld ist **Voraussetzung für die Strafbarkeit** („Schuldprinzip", §§ 4, 13). Sie ist Grundlage dafür, dass der Einzelne verantwortlich gemacht werden kann. Schuld bedeutet daher **Vorwerfbarkeit** menschlichen Verhaltens (normative Schuldauffassung). Unterscheide von der so verstandenen Strafbegründungsschuld die quantifizierbare Schuld als **Strafzumessungsparameter** (§§ 32 ff; siehe unten H.a.).

Verantwortung setzt aber auch Selbstbestimmung des Menschen voraus. Man hat sich im StGB bemüht, zur Frage der **Determination** des Menschen keine Stellung zu nehmen. Dem StGB liegt *Nowakowskis* **reduzierter Schuldbegriff** zugrunde: Festgestellt wird nur die Abweichung von einer Normfigur (der mit den rechtlich geschützten Werten verbundene Mensch, § 10).

Ob man damit wirklich der Entscheidung bezüglich der Determination des Menschen ausweichen kann, ist fraglich. Man wird nämlich grundsätzlich jene Willensfreiheit voraussetzen müssen, sich für die andere Alternative (die rechtlich gesollte) entscheiden zu können.

Einzelne Fälle, in denen diese Freiheit normalerweise nicht existiert, sind in den **Entschuldigungsgründen** im Gesetz festgehalten.

B. Die Geldstrafe

Literatur: *Platzgummer*, Probleme der Geldstrafe, ÖJZ 1980, 29; *Zipf*, Die Bemessung des Tagessatzes im neuen Geldstrafensystem, JBl 1977, 304; *ders*, Die Geldstrafe und ihr Verhältnis zur Freiheitsstrafe, StPdG 1976, 164; *Burgstaller*, Geldstrafe und andere Reaktionen gegen das Vermögen im österreichischen Strafrecht; JAP 1996/97, 10; *Miklau*, Zur Funktion der Geldstrafe, ÖJZ 1991, 361; *Tröndle*, Geldstrafe und Tagessatzsystem, ÖJZ 1975, 589; *Venier*, Ausgewählte Probleme des StRÄG 2015, ÖJZ 2016, 814; *Vogl*, Gedanken zur Tagessatzbemessung, JBl 1984, 588.

a) Tagessatzsystem

Im StGB ist eine Geldstrafe immer neben einer Freiheitsstrafe (kumulativ oder alternativ) angedroht. Die Geldstrafe fließt dem Bund zu (§ 409b StPO). Sie wird nach dem **Tagessatzsystem** bemessen, dh sie wird den Einkommensverhältnissen des Einzelnen angepasst. Die Gesamtstrafe ergibt sich aus der Multiplikation von der Anzahl mit der Höhe der Tagessätze.

Im Verwaltungsstrafrecht gibt es hingegen die **Geldsummenstrafe**, dh der Strafrahmen wird vom Gesetzgeber ziffernmäßig vorgegeben.

Die Anzahl der **Tagessätze** wird durch das **Unrecht** und die **Schuld** bestimmt, die **Höhe** der Tagessätze hingegen richtet sich nach den konkreten **Einkommens-**

verhältnissen des Täters. Es sind mindestens 2 Tagessätze zu verhängen, ihre Höhe muss zwischen 4 € und 5.000 € liegen (§ 19 Abs 2).

Grundlage für die Bemessung der Höhe des Tagessatzes sind die **persönlichen Verhältnisse** und die **wirtschaftliche Leistungsfähigkeit** im Zeitpunkt des Urteils 1. Instanz. Dabei geht man vom sog **Einbußesystem** aus: Die Geldstrafe soll das Einkommen des Täters auf einen dem Existenzminimum nahekommendem Betrag reduzieren und damit seinen Lebensstandard spürbar beeinträchtigen (12 Os 175/96). Der Täter hat daher alles einzubüßen, was er neben der Erfüllung der gesetzlichen Unterhaltspflicht bei sparsamster Lebensführung für sich selbst verwenden könnte.

Maßgebend ist das **tatsächliche Nettoeinkommen** des Täters, welches nicht notwendigerweise dessen steuerrechtliches Einkommen sein muss. Nicht zum Einkommen zählen staatliche zweckgebundene Leistungen (zB Kinderbeihilfe) oder Pflegegeld, das für den Unterhalt benötigt wird (11 Os 66/19v).

Die Praxis ermittelt die persönlichen Verhältnisse aufgrund Befragung des Beschuldigten und der Aktenlage ohne aufwendiges Verfahren. Auch das **Berufungsgericht** hat dabei von den Verhältnissen zum Zeitpunkt der Urteilsfällung 1. Instanz auszugehen. Dabei ist auch das **Verschlimmerungsverbot** (§ 477 Abs 2 StPO) zu beachten: Ohne Berufung der Staatsanwaltschaft darf die Höhe des Tagessatzes selbst bei Herabsetzung deren Anzahl nicht zum Nachteil des Verurteilten verändert werden (13 Os 131/76). Wurde der Täter zunächst zu einer Freiheitsstrafe verurteilt, so darf eine infolge seiner Berufung verhängte Geldstrafe nur eine solche Höhe erreichen, dass die festzusetzende Ersatzfreiheitsstrafe die zuerst verhängte Strafe nicht übersteigt (11 Os 33/07y).

Entspricht das Einkommen nicht der zumutbaren wirtschaftlichen Leistungsfähigkeit des Täters, ist dessen **potenzielles Einkommen** heranzuziehen (zB bei Arbeitslosen, die am Arbeitsmarkt eine zumutbare Beschäftigung erhalten würden). Hat jemand kein Einkommen und ist ihm auch keine (andere) Erwerbstätigkeit zumutbar oder möglich, so ist jedenfalls der **Mindestsatz von 4 €** heranzuziehen.

Bei einkommenslosen Ehegatten und Studenten wird nach hM darauf abgestellt, was ihnen aus dem Gesamteinkommen der Familie für ihre Person durchschnittlich zufließt (zB Taschengeld). Soweit die betreffende Ausbildung nicht unzweckmäßig ist, kann ein Lehrling bzw Student nicht auf eine besser bezahlte Beschäftigung (potenzielles Einkommen) verwiesen werden (15 Os 52/88).

Die **Vermögenssubstanz** des Täters ist nicht zu berücksichtigen, da die Strafe sonst konfiskatorischen Charakter annehmen würde. Finanzielle Erträge aus dem Vermögen (zB Zinsen, Dividenden, Mieten usw) sind hingegen Einkommen.

Inwieweit **laufende Verpflichtungen** (zB Kreditrückzahlungen) zu berücksichtigen und von der Bemessungsgrundlage abzuziehen sind, hängt vom Einzelfall ab.

Zu berücksichtigen sind (nicht überhöhte) Unterhaltsverpflichtungen und Zahlungen zur Sicherung der wirtschaftlichen Existenz, nicht aber Kreditrückzahlungen für Luxusanschaffungen oder solche, die der Täter verschuldet hat, zB Schadenersatz für Verkehrsunfall. Die Rsp ist auch zurückhaltend bei der Berücksichtigung von Wohnbaudarlehen (ZVR 1989/164; WR 559).

Ist der Täter zum Tatzeitpunkt **jugendlich** (§ 1 Z 2 JGG), so ändert § 5 Z 5 JGG die Strafdrohung: Die Obergrenze der Strafdrohung (dh die Anzahl der Tagessätze) wird **auf die Hälfte reduziert**.

b) Berechnung

Das durchschnittliche Nettomonatseinkommen wird durch 30 geteilt. Dabei sind das 13. und 14. Monatsgehalt auf die übrigen 12 anzurechnen. Abzuziehen sind das Existenzminimum und gesetzliche Unterhaltspflichten (sofern sie auch tatsächlich geleistet werden). Die Praxis orientiert sich im Wesentlichen an den unpfändbaren Freibeträgen des § 291a EO, dh an den Existenzminimum-Tabellen (vgl ZVR 1992/132 und 133, 11 Os 33/07y). Der pfändungsfreie Grundbetrag ist derzeit ca 1.275 € und erhöht sich pro Unterhaltspflicht um 20 % (dzt ca 255 €). Weil die am Ausgleichsrichtsatz gekoppelten Beträge der Existenzminimum-Tabelle einkommensabhängig sind, bleibt auf diese Weise Tätern mit höherem Einkommen auch ein höherer Betrag zur Lebensführung übrig, als einkommensschwächeren Personen.

Beispiel: A verdient monatlich netto 2.100 €. Er hat Sorgepflichten für 2 Kinder. Er hat monatlich 250 € Kreditraten für Fernseher (Variante: für Wohnung) zurückzuzahlen. Er wird zu 60 Tagessätzen verurteilt. *Aufgerechnet verdient A monatlich rund 2.450 € (mit 13. und 14. Monatsgehalt). Abzuziehen sind davon laut Existenzminimumtabelle rund 2.150 €. Es bleiben somit 300 €. Die Ratenzahlungen für den Fernseher sind unbeachtlich (zB ZVR 1991/97 hinsichtlich der Leasingrate für ein Auto), jene für die Wohnung werden nach hM hingegen berücksichtigt. Daher beträgt im ersten Fall der Tagessatz 10 € (300 : 30), in der Variante ist die Mindesthöhe von 4 € heranzuziehen (50 : 30 = 1,67). Für den Fall der Uneinbringlichkeit sind 30 Tage Ersatzfreiheitsstrafe im Urteil zu bestimmen.*

c) Zahlungsweise und -erleichterungen (Aufschub)

Die Geldstrafe ist **auf einmal** zu bezahlen, sie wird mit Eintritt der Rechtskraft des Urteils fällig. Gerät der Verurteilte in Verzug, so ist er schriftlich aufzufordern, die Strafe binnen 14 Tagen zu bezahlen, widrigenfalls sie (nach den Bestimmungen des GEG) zwangsweise eingetrieben wird (§ 409 Abs 1 StPO).

Dabei ist auch die Auskunft aus dem Kontenregister oder die Auskunft über Bankkonten (§ 116 StPO) zulässig, wenn aufgrund bestimmter Tatsachen anzunehmen ist, dass auf diese Weise Vermögenswerte zur Vollstreckung aufgefunden werden können.

Zahlungserleichterungen (§ 409a StPO): Wenn die sofortige Bezahlung den Zahlungspflichtigen **unbillig hart** träfe, so ist ihm auf seinen Antrag ein angemessener Aufschub bzw **Ratenzahlung** zu gewähren. Dabei sind allerdings bestimmte **Fristen** einzuhalten:

- max 1 Jahr bei Zahlung des gesamten Betrages auf einmal oder bei Teilzahlungen einer Strafe bis 180 Tagessätze;
- max 2 Jahre bei Teilzahlungen einer Strafe 180 bis 360 Tagessätzen;
- max 3 Jahre bei Teilzahlung einer Strafe von über 360 Tagessätzen;
- max 5 Jahre bei sonstigen Teilzahlungen (einer nicht in Tagessätzen bemessenen Strafe oder eines Abschöpfungsbetrages).

Bei der Zahlungserleichterung ist angemessen zu berücksichtigen, wenn der Verurteilte dem Geschädigten Schadenersatz leistet. Dies kann auch dazu führen, dass ein gewährter Aufschub längstens um **ein weiteres Jahr verlängert** wird.

Ist der Verurteilte mit mindestens zwei Raten in Verzug, so wird die gesamte Strafe **sofort fällig** (Terminsverlust).

Nach Anordnung des Vollzuges der Ersatzfreiheitsstrafe als Folge eingetretenen Terminsverlustes kommt die Gewährung eines neuerlichen Zahlungsaufschubes keinesfalls mehr in Betracht. In diesem Fall richtet sich der Aufschub des Vollzuges dann nach den §§ 5 f StVG (siehe unten II.C.d.; 13 Os 156/04 in Ablehnung gegenteiliger früherer Rsp).

Die **Aufschubsfrist** des § 409a StPO beginnt erst nach Ablauf der Zahlungsfrist des § 409 Abs 1 StPO (dh 14 Tage nach Zustellung der Zahlungsaufforderung; 12 Os 42/76). Sie wird gehemmt, solange der Zahlungspflichtige auf behördliche Anordnung angehalten wird.

Diese Hemmung gilt aber nicht für die Frist der Zahlungsaufforderung nach § 409 StPO (ÖJZ-LSK 1982/198). Wurde dem Verurteilten der Aufschub gleichzeitig mit der Verkündung des Urteils gewährt, beginnt die Frist sofort zu laufen (OLG Linz, 8 Bs 369/96).

Über Anträge nach § 409a StPO entscheidet der **Vorsitzende des erkennenden Gerichtes**. Erfolgt ein Antrag nach Widerruf der bedingten Strafnachsicht (siehe unten II.O.), hat jenes Gericht zu entscheiden, das den Widerruf ausgesprochen hat (12 Os 110/89).

Zur **nachträglichen Milderung** der Strafe (Neubemessung des Tagessatzes) bei Verschlechterung der Vermögensverhältnisse nach § 31a Abs 2 siehe unten II.I.

d) Ersatzfreiheitsstrafe

1. Bei Verhängung einer Geldstrafe ist im Urteil immer auch eine **Ersatzfreiheitsstrafe** für den Fall der Uneinbringlichkeit festzusetzen, die immer in vollen Tagen anzugeben ist. Zwei Tagessätze Geldstrafe entsprechen dabei einem Tag Freiheitsstrafe (§ 19 Abs 3).

Da Ersatzfreiheitsstrafen immer in vollen Tagen anzugeben sind, ist bei einer ungeraden Zahl von Tagessätzen entsprechend abzurunden (11 Os 51/23v). Die Angabe der Ersatzfreiheitsstrafe in Monaten (statt Tagen) begründet eine Nichtigkeit iSd § 281 Abs 1 Z 11 StPO (15 Os 1/96).

2. Vor Vollzug der Ersatzfreiheitsstrafe ist der **Verurteilte aufzufordern**, die Geldstrafe binnen 14 Tagen **zu bezahlen** (§ 409 Abs 1 StPO). Gegebenenfalls ist dazu sein Aufenthaltsort auszuforschen.

Sofern dies aber von vornherein aussichtslos (zB bei Flucht) oder nach angemessener Zeit und entsprechendem Erhebungsaufwand (wozu grundsätzlich eine österreichweite Ausschreibung zur Aufenthaltsermittlung nach § 168 StPO gehört) erfolglos geblieben ist, kann eine solche Zahlungsaufforderung unterbleiben (15 Os 165/00).

Bleibt der Verurteilte **säumig**, ist der geschuldete Betrag durch Zwangsvollstreckung durch die Einbringungsstelle beim OLG Wien einzutreiben (§ 11 Abs 1 GEG), wobei dies nur so weit zulässig ist, als dadurch der notdürftige Unterhalt des Verurteilten und seiner Unterhaltsberechtigten nicht gefährdet wird (§ 12 Abs 1 GEG). Dem Täter steht daher kein Wahlrecht zu, anstelle der Geldstrafe lieber die Ersatzfreiheitsstrafe zu verbüßen. Bleibt die **Eintreibung** der Geldstrafe **erfolglos** (oder steht dies von vornherein fest), ist die Ersatzfreiheitsstrafe wie jede andere Freiheitsstrafe anzuordnen und nach den Bestimmungen des StVG zu vollziehen (§ 409 Abs 3 StPO).

Wird die Geldstrafe nur zum Teil eingebracht, so ist die Ersatzfreiheitsstrafe nur im Verhältnis des noch geschuldeten Restbetrages zu vollziehen (§ 12 Abs 2 GEG).

3. Sobald die Geldstrafe **bezahlt** wird, hat der Vollzug der **Ersatzfreiheitsstrafe zu unterbleiben** (§ 3 Abs 1 StVG).

Nach Strafantritt unterbleibt ein weiterer Vollzug aber nur, wenn die gesamte (unter Anrechnung der bisherigen Haftzeit) noch ausständige Geldstrafe bezahlt wird.

4. Der Verurteilte kann den Vollzug einer **Ersatzfreiheitsstrafe**, die weniger als 9 Monate beträgt, auch dadurch **abwenden**, dass er in der Freizeit freiwillig **gemeinnützige Leistungen** (siehe oben I.D.b.) erbringt. Während dieser Zeit wird der Vollzug nach § 3a StVG **aufgeschoben**. Es sind mind 10 Wochenstunden zu leisten. 4 Stunden Arbeit entsprechen einem Tag Freiheitsstrafe.

Der Verurteilte hat innerhalb eines Monats ein Einvernehmen mit einer geeigneten Einrichtung zu erreichen, wobei er dabei von einem Sozialarbeiter unterstützt wird (§ 29b Abs 2a BewHG). Das Gericht hat eine Änderung dieser Vereinbarung binnen 14 Tagen aufzutragen, wenn diese nicht den gesetzlichen Voraussetzungen entspricht. Der Aufschub ist zu widerrufen, und erbrachte Leistungen sind auf die Ersatzfreiheitsstrafe anzurechnen, wenn der Verurteilte die vereinbarte Leistung nicht vollständig erbringt. Bei unvorhersehbaren oder unabwendbaren Hindernissen ist der Aufschub entsprechend zu verlängern (§ 3a Abs 4 StVG).

e) Erlöschen

Mit dem **Tod** erlischt die Verbindlichkeit zur Zahlung von Geldstrafen, soweit diese noch nicht vollzogen worden sind (§ 411 StPO).

Dies gilt sinngemäß auch für Verfalls- und Wertersatz, nicht jedoch für die Abschöpfung der Bereicherung.

C. Die Freiheitsstrafe

Literatur: *Birklbauer/Hirtenlehner*, Das Dogma von der Schädlichkeit kurzer Freiheitsstrafen und ihre Verhängung in der Praxis, JSt 2007, 18; *Driendl*, Die Freiheitsstrafe in Österreich nach der Reform, RZ 1980, 209.

Freiheitsstrafen werden auf Lebensdauer (**lebenslang**) oder auf bestimmte Zeit (**zeitliche Freiheitsstrafen**) verhängt (§ 18 Abs 1).

In Österreich gibt es eine einheitliche Freiheitsstrafe, dh es gibt nicht wie früher unterschiedlich strenge Arten (zB Kerker oder Arrest).

Freiheitsstrafen sind entweder in **Anstalten** (Strafvollzugsanstalten oder gerichtlichen Gefangenenhäusern) **oder** aber als elektronisch überwachter **Hausarrest** (siehe unten f) zu vollziehen.

a) Lebenslange Freiheitsstrafen

Lebenslange Freiheitsstrafen werden immer nur alternativ zu einem zeitlichen Strafrahmen (zumeist 10 bis 20 Jahren) angedroht. Einzige Ausnahme ist der Völkermord (§ 321).

Nach Ablauf von 20 Jahren seit der Tat wird die Strafdrohung „lebenslang" überdies auf „10 bis 20 Jahre" reduziert.

Diese 20-jährige Frist wird wie die Verjährungsfristen berechnet (§ 57 Abs 1; siehe unten VI.A.). Diese Änderung hat auch Auswirkung auf die außerordentliche Strafmilderung (siehe unten c.2.).

Ist der Täter zum Tatzeitpunkt **jugendlich** (§ 1 Z 2 JGG), verändert § 5 Z 2 JGG die Strafdrohung „lebenslang": An ihre Stelle tritt
- „1 bis 15 Jahre" (ist der Täter 16 Jahre oder älter) oder
- „1 bis 10 Jahre" (ist er jünger).

Ist er zum Tatzeitpunkt **junger Erwachsener** (§ 1 Z 5 JGG), dh hat er das 21. Lebensjahr noch nicht vollendet, so darf über ihn keine lebenslange Freiheitsstrafe verhängt werden. An die Stelle der Strafdrohung „lebenslang" tritt „1 bis 15 Jahre" (§ 19 Abs 1 JGG iVm § 5 Z 2 lit a JGG), in den Fällen des § 19 Abs 4 JGG (siehe unten b.2.) „1 bis 20 Jahre".

b) Zeitliche Freiheitsstrafen

Literatur: *Birklbauer*, Zur Auslegung des § 19 Abs 1 und 4 JGG sowie des § 39 Abs 1a StGB durch den verstärkten Senat des OGH, JSt 2023, 536.

Bei **zeitlichen Freiheitsstrafen** beträgt das Mindestmaß einen Tag, das Höchstmaß 20 Jahre (§ 18 Abs 2).

Das Gericht muss Freiheitsstrafen immer so aussprechen, dass sie in vollen Tagen messbar sind (dh in Jahren, Monaten, Tagen, nicht aber in Stunden; 10 Os 33/77).

1. Für **Jugendstraftaten** (§ 1 Z 3 JGG) modifiziert § 5 Z 2 bis 5 JGG die Strafrahmen:

- An die Stelle der Strafdrohung „10 bis 20 Jahre oder lebenslang" tritt
- „1 bis 15 Jahre" (ist der Täter 16 Jahre oder älter) oder
- „1 bis 10 Jahre" (ist er jünger).
- An die Stelle der Strafdrohung „10 bis 20 Jahre" tritt „6 Monate bis 10 Jahre".
- Ansonsten gelten die halben Obergrenzen, die Untergrenzen entfallen.

2. Für zum Tatzeitpunkt **junge Erwachsene** (§ 1 Z 5 JGG) modifiziert § 36 iVm § 19 JGG die Strafrahmen:

- An die Stelle der Strafdrohung „10 bis 20 Jahre oder lebenslang" tritt „1 bis 15 Jahre" (§ 19 Abs 1 JGG iVm § 5 Z 2 lit a JGG).
- An die Stelle der Strafdrohung „10 bis 20 Jahre" tritt „6 Monate bis 15 Jahre" (§ 19 JGG Abs 1 iVm § 5 Z 3 JGG).
- In allen anderen Fällen entfällt ein Mindestmaß (§ 19 Abs 1 JGG iVm § 5 Z 4 JGG).

Bei folgenden Taten mit **allgemeiner Strafdrohung ab 5 Jahren** bleiben diese aber gem § 19 Abs 4 JGG (mit Ausnahme des Verbots der lebenslange Freiheitsstrafe) unverändert (werden nicht nach § 19 JGG reduziert):

- Straftat gegen Leib und Leben, 10. und 25. Abschnitt des BT (Sexualdelikte, Kriegsverbrechen),
- Täter ist Mitglied einer kriminellen Vereinigung und
- bei § 278b (Terroristische Vereinigung).

Nach den Gesetzesmaterialien (IA 970/A 26.GP 36), dem Einführungserlass des BMJ vom 18.12.2029 (S318.040/0016-IV 1/20219) und der Lehre ist mit Delikten gegen Leib und Leben iSd § 19 Abs 4 JGG der 1. Abschnitt des BT, also die §§ 75 bis 95, gemeint; aM 15 Os 119/22x, wonach eine rechtsgutsbezogene Betrachtung maßgebend sein soll und damit zB auch Raub in der Begehungsform der Gewalt gegen eine Person erfasst wäre.

Zumal diese Bestimmungen des JGG keine bloßen Strafzumessungsvorschriften sind, sondern Strafsatzänderungen darstellen, wirken sie sich bei der Verjährung der Strafbarkeit (§ 57) aus. Jede Straftat eines jungen Erwachsenen verjährt daher spätestens nach 20 Jahren (siehe unten VI.A.).

c) Abweichungen vom allgemein vorgegebenen Strafrahmen

Literatur: *Bauer-Raschhofer*, Die Strafbemessung nach dem Gewaltschutzgesetz 2019, ÖJZ 2023, 965; *Hochmayr*, Die kurze Freiheitsstrafe in der Sanktionspraxis, RZ 2024, 222; *ders*, Weniger kurze Freiheitsstrafe, RZ 2024, 254.

1. Verhängung einer Geldstrafe anstelle einer Haftstrafe (§ 37)

In bestimmten Fällen besteht auch die Möglichkeit (uU sogar die Verpflichtung), Geldstrafen anstelle von Freiheitsstrafen zu verhängen. Durch diese Bestimmung wird der Auftrag des Gesetzgebers deutlich, im Sinne des Ultima-Ratio-Prinzips möglichst **kurzfristige Freiheitsstrafen** zu vermeiden und – sofern aus Strafzumessungsgründen vertretbar – an deren Stelle Geldstrafen zu verhängen (**Vorrang der Geldstrafe;** 9 Os 70/75).

§ 37 stellt keine Umwandlung einer Freiheits- in eine Geldstrafe dar. Eine solche kann erst nach Rechtskraft des Urteils im Wege der nachträglichen Strafmilderung erfolgen (§ 31a).

a) Bei einer **Strafdrohung** bis zu **5 Jahren muss** eine Geldstrafe (max 720 Tagessätze) verhängt werden, wenn (§ 37 Abs 1)

- eine Strafe von max einem Jahr zu verhängen wäre und
- keine spezialpräventiven Gründe für eine Haftstrafe vorliegen.

Generalpräventive Gründe sind nicht zu berücksichtigen. Dass eine Strafe von max einem Jahr zu verhängen wäre, ist **unabhängig davon anzunehmen, ob** eine **Mindeststrafdrohung** besteht und ob diese im Wege der außerordentlichen Strafmilderung unterschritten werden kann. Abgesehen von dem Fall, dass die Tat den Tod eines Menschen zur Folge gehabt hat und daher eine zumindest 6-monatige Freiheitsstrafe zu verhängen ist (§ 41 Abs 2), besteht keine Untergrenze der Geldstrafe bei § 37 (14 Os 60/91). Da § 37 keine Umwandlung einer Freiheits- in eine Geldstrafe normiert, ist nach der Rsp nicht zuerst eine Freiheitsstrafe auszumessen, die nach dem Schlüssel des § 19 Abs 3 in eine Geldstrafe umgerechnet wird, sondern es wird die **Geldstrafe originär in Tagessätzen bemessen.**

Beispiel: A verschuldet alkoholisiert einen Verkehrsunfall, bei dem X, den ein überwiegendes Mitverschulden am Unfall trifft, schwer verletzt wird. Die Alkoholisierung des A hatte beim Unfall keinen wesentlichen Einfluss. *Im konkreten Fall beträgt die Strafdrohung nach § 88 Abs 1 und 4 2. Fall zwei Jahre Freiheitsstrafe. Über A wäre aber keine höhere Strafe als ein Jahr zu verhängen. Daher kann eine Geldstrafe über ihn verhängt werden (ZVR 1997/26; selbes Ergebnis bei fahrlässiger Tötung ohne Alkoholeinfluss: ZVR 1991/21).*

b) Bei einer **Strafdrohung** von **über 5 Jahren, max** aber **10 Jahren kann** eine Geldstrafe verhängt werden, wenn (§ 37 Abs 2)

- eine Strafe von max einem Jahr zu verhängen wäre und
- keine spezial- oder generalpräventiven Gründe für eine Haftstrafe vorliegen.

Beispiel: A würde wegen § 144 (Var: § 145) keine ein Jahr übersteigende Freiheitsstrafe gebühren. Wenn keine spezial- noch generalpräventive Gründe bestehen, ist A wegen § 144 nach § 37 Abs 1 zu einer Geldstrafe (in der Höhe von max 720 Tagessätzen) zu verurteilen. Wegen § 145 könnte eine solche Strafe nach § 37 Abs 2 verhängt werden, wobei hier auch die Generalprävention zu berücksichtigen ist.

Während die Rsp eine **Begründungspflicht** des Gerichtes dafür, warum § 37 nicht angewendet wurde, **ablehnt**, verlangt die Lehre dies für die Fälle des § 37 Abs 1.

2. Außerordentliche Strafmilderung (§§ 41, 41a)

Literatur: *Oshidari*, Der „Kronzeuge“ nach § 41a StGB, ÖJZ 2000, 502.

Ein Unterschreiten der Mindeststrafe ist in zwei Fällen vorgesehen: bei **Überwiegen der Milderungsgründe** (§ 41; atypisch leichte Fälle) und bei Zusammenarbeit mit den Strafverfolgungsbehörden (§ 41a; sog **„kleine Kronzeugenregelung“**). Die außerordentliche Strafmilderung setzt daher voraus:

- **Milderungsgründe** überwiegen die Erschwerungsgründe (dem Gewicht, nicht der Anzahl nach) beträchtlich, und
- es besteht begründete Aussicht, dass **keine spezialpräventiven** Bedürfnisse vorliegen;

  Es kommt dabei nicht allein auf die im § 34 aufgezählten Milderungsgründe an, sondern auf alle Umstände und Grundsätze, die bei der Strafbemessung zu berücksichtigen sind (siehe unten H.; 13 Os 173/82). Bei Rückfallstätern iSd § 39 scheidet nach der Rsp § 41 aus (13 Os 170/88).

oder

- der **Täter** eines Komplotts, einer kriminellen Vereinigung oder Organisation bzw terroristischen Vereinigung (§§ 277 bis 278b, §§ 3a bis 3e VerbotsG) oder einer damit in Zusammenhang stehenden Straftat
- **offenbart** der Strafverfolgungsbehörde sein **Wissen**,
- das wesentlich dazu beiträgt,
- die **Gefahr** zu beseitigen oder erheblich zu vermindern, die aus dem Komplott, der Vereinigung oder der Organisation entstanden ist,
- die **Aufklärung** einer solchen Straftat (über seinen eigenen Tatbeitrag hinaus) **zu fördern** oder
- **führende Personen** eines Komplotts oder der verbotenen Vereinigung oder Organisation **auszuforschen**;
- die Strafmilderung entspricht der Bedeutung (Wert) der geoffenbarten Tatsachen im Verhältnis zur Schuld des Täters (Abwägung).

  Zur Definition der **Strafverfolgungsbehörde** siehe § 151 Abs 3. Bezieht sich das geoffenbarte Wissen auf Straftaten, die nicht der inländischen Gerichtsbarkeit unterliegen, ist § 41a dennoch anzuwenden, soweit die Leistung von Rechtshilfe zulässig wäre (§ 41a Abs 3).

Sind die vorstehenden Voraussetzungen erfüllt, so kann verhängt werden:

- trotz lebenslanger Strafdrohung (bzw alternativ angedrohtem Strafrahmen von 10 bis 20 Jahren): mind 1 Jahr Strafe;
- bei mind 10 Jahren Strafdrohung: mind 6 Monate Strafe;
- bei mind 5 Jahren Strafdrohung: mind 3 Monate, bei Tod jedoch mind 6 Monate Strafe;
- bei mind 1 Jahr Strafdrohung: mind 1 Monat, bei Tod jedoch mind 6 Monate Strafe;

  Für die Untergrenze von 6 Monaten muss der Tod einer Person allerdings zumindest fahrlässig iSd § 7 Abs 2 herbeigeführt worden sein (§ 41 Abs 2). Bei Jugendstraftaten gilt diese Mindestgrenze aber nicht (§ 5 Z 8 JGG).

- bei sonstigen Strafdrohungen: mind 1 Tag Strafe;
- eine bedingte oder teilbedingte Strafe (§§ 43, 43a), selbst wenn eine Freiheitsstrafe von mehr als 2 bzw 3 (aber nicht mehr als 5) Jahren verhängt wird.

Dies kann unabhängig davon geschehen, ob die Strafe unter der ursprünglichen Strafdrohungsuntergrenze festgesetzt wurde (13 Os 11/98). Bei der Anwendung von § 41 sind geänderte Strafdrohungen nach § 39a oder JGG zu berücksichtigen. Die Anwendung oder Nichtanwendung der außerordentlichen Strafmilderung kann **nur** mit **Berufung** bekämpft werden; Nichtigkeitsbeschwerde kommt nur in Betracht, wenn die Grenzen der zustehenden Strafmilderung überschritten wurden (10 Os 158/76).

3. Strafschärfung bei Rückfall (§ 39)

Literatur: *Birklbauer*, Zur Auslegung des § 19 Abs 1 und 4 JGG sowie des § 39 Abs 1a StGB durch den verstärkten Senat des OGH, JSt 2023, 536; *Haider*, Der neue Rückfall nach § 39 StGB, ÖJZ 2021, 459.

- Abs 1: Sind seit der Verbüßung der letzten Haftstrafe **weniger als 5 Jahre** (**bzw** bei Verurteilung wegen einer mit mind 10 Jahre bedrohten Handlung weniger als **10 Jahre**) vergangen,
- ist der Täter bereits **zweimal** zu einer **Haftstrafe** verurteilt worden
- wegen Taten, die auf der **gleichen schädlichen Neigung** beruhen,
- hat er **diese** zumindest teilweise **verbüßt** (wenn auch nur durch Anrechnung von Vorhaft oder als vorbeugende Maßnahme),

oder

- Abs 1a: ist der Täter bereits **zweimal** zu einer (wenn auch nur bedingten) **Haftstrafe** verurteilt worden
- wegen einer Vorsatztat gegen Leib und Leben, Freiheit, sexuelle Integrität und Selbstbestimmung,

und

- begeht er nach dem 19. Lebensjahr **neuerlich eine Tat**, die
  - im Fall des Abs 1 auf der gleichen schädlichen Neigung beruht oder
  - im Fall des Abs 1a als Vorsatztat gegen eines dieser Rechtsgüter gerichtet ist

so **erhöht sich** die **Obergrenze** der Strafdrohung **um** die **Hälfte**. Aber auch diese neue Obergrenze darf 20 Jahre nicht überschreiten.

Erfüllt der Täter sowohl die Voraussetzungen des Abs 1 als auch des Abs 1a, so wird die Strafsatzerhöhung nicht kumuliert (§ 30).

Auf der **gleichen schädlichen Neigung** beruhen Taten, wenn sie gegen dasselbe Rechtsgut gerichtet sind oder auf gleichartige verwerfliche Beweggründe oder auf den gleichen Charaktermangel zurückzuführen sind (§ 71). Betrug und falsche Beweisaussage beruhen nach der Rsp auf dem gleichen Charaktermangel, nämlich dem Hang zur Täuschung Dritter (15 Os 126/99), ebenso Vermögensdelinquenz und

Schlepperei, weil darin das Streben nach rechtswidrigem Vermögen zum Ausdruck kommt (14 Os 33/23v). Da sich Brandstiftung (§ 169) auch gegen fremdes Vermögen richtet, ist sie in Hinblick auf Vermögensdelikte einschlägig iSd § 71 (13 Os 162/93).

Delikte gegen **Leib und Leben** iSd § 39 Abs 1a wird von der Lehre als jene des 1. Abschnitts des Besonderen Teils des StGB verstanden (§§ 75 bis 95); die Rsp (15 Os 119/22x; 14 Os 52/23p) legt diesen Begriff hingegen rechtsgutsbezogen aus und bezieht zB auch Raub in der Begehungsform der Gewalt gegen eine Person ein.

Ausländische Verurteilungen sind ebenso zu beachten, wenn die Tat auch in Österreich strafbar ist und das Verfahren Art 6 MRK entspricht (§ 73).

Von einer verbüßten Haft kann erst gesprochen werden, wenn sie zumindest einen Tag gedauert hat (§ 18 Abs 2; 12 Os 50/80). Dass die Haft für zwei Verurteilungen ohne Unterbrechung aufeinanderfolgend verbüßt wird, hindert die Anwendung von § 39 nicht (11 Os 5/23d). Urteile, die zueinander im Verhältnis des § 31 stehen (siehe unten VIII.C.), gelten als eine (einzige) Verurteilung iSd § 39 (15 Os 159/94). Getilgte Strafen dürfen nicht beachtet werden.

Der jeweilige zeitliche Abstand zwischen Verbüßung bzw bedingter Strafnachsicht und folgender Straftat darf max 5 Jahre (bzw bei Verurteilung wegen einer mit mind 10 Jahre bedrohten Handlung max 10 Jahre) betragen (**Rückfallsverjährung**). Zeiten einer behördlichen Anhaltung sind in diese Frist nicht einzurechnen. Wurde die Strafe nur durch Vorhaftanrechnung nach § 38 verbüßt oder bedingt nachgesehen, beginnt die Frist mit Rechtskraft der Entscheidung (§ 39 Abs 2).

Wird die Strafe zunächst bedingt nachgesehen, später aber widerrufen, so beginnt die Rückfallsverjährung hinsichtlich dieser Tat ebenfalls mit Rechtskraft des Urteils zu laufen (obwohl die Haft für diese Tat erst nach Widerruf verbüßt wurde; 13 Os 127/97).

Beispiel: A ist vorbestraft: vor 9 Jahren wegen § 146 zu 4 Monaten unbedingt, vor 6 Jahren wegen § 83 zu 4 Monaten unbedingt, vor 5 Jahren wegen § 127 zu 2 Monaten bedingt, vor 3 Jahren wegen § 134 zu 6 Monaten unbedingt, vor einem Jahr wegen § 136 zu 4 Monaten unbedingt. Alle unbedingten Strafen hat A zu zwei Drittel verbüßt. A begeht nun einen Raub. *Auf gleicher schädlicher Neigung beruhen, wenn man nur auf das Rechtsgut abstellt, die erste und die beiden letzten Taten. Da zwischen Verbüßung der ersten Tat und der Straftat wegen § 134 mehr als 5 Jahre liegen, kommt die erste Handlung (§ 146) nicht in Betracht. Die zwei letzten Strafen hat A zumindest teilweise verbüßt, daher kann nach § 39 Abs 1 die Strafobergrenze für den nunmehr begangenen Raub auf 15 Jahre angehoben werden.*

Beispiel: B begeht am 12.1.2015 § 83 Abs 1 und wird dafür am 15.3.2015 zu 2 Monaten bedingter Haft verurteilt. Am 2.9.2019 begeht er § 109 Abs 1 und wird dafür am 20.3.2020 zu 4 Wochen bedingter Haft verurteilt. Am 21.3.2025 verübt er § 201 Abs 1. Die Haftstrafen waren ihm jeweils nach Ablauf der Probezeit von 3 Jahren endgültig nachgesehen worden. *Die Taten richten sich alle gegen die in § 39 Abs 1a aufgezählten Rechtsgüter. Zwischen der Rechtskraft des Urteils für die erste Tat und dem Tatzeitpunkt der zweiten Tat liegen weniger als 5 Jahre. Ob B für die Vergewaltigung gem § 39 Abs 1a statt mit höchstens 10 Jahren mit bis zu 15 Jahren bestraft werden kann, hängt davon ab, ob die bedingte Haftstrafe am 20.3.2020 rechtskräftig wurde, weil B und die Staatsanwaltschaft rechtswirksam in* *der Verhandlung auf Rechtsmittel verzichtet haben. Ansonst wäre das zweite Urteil erst nach dem 21.3.2020 rechtskräftig geworden und die Rüchfallsverjährung nach § 39 Abs 2 somit nicht eingetreten.*

§ 39 ist (seit dem Gewaltschutzgesetz 2019) keine bloß fakultative Strafbemessungsvorschrift, sondern **erweitert** den **Strafrahmen zwingend**. Umstritten ist, ob dies daher zur Folge hat, dass § 39 nunmehr auch Einfluss auf §§ 17, 21, 37, 57 und 191 StPO hat. Im Geschworenenverfahren ist eine (uneigentliche) Zusatzfrage (§ 316 StPO) zu stellen.

Ebenso str ist, ob § 39 bei der sachlichen Zuständigkeit (§ 30 StPO) zu berücksichtigen ist. Nach der Rsp hat § 39 auf die genannten Bestimmungen keinen Einfluss (11 Os 82/23b).

4. Strafschärfung bei uneigentlichen Amtsdelikten (§ 313)

- Begeht ein **Beamter**
- unter **Ausnützung einer** durch seine Amtstätigkeit gebotenen **Gelegenheit**
- eine mit Strafe bedrohte **Vorsatztat,**

so kann die **Obergrenze** der Strafdrohung um die **Hälfte überschritten** werden. Diese neue Obergrenze darf aber 20 Jahre nicht übersteigen.

Beamter ist iSd § 74 Abs 1 Z 4 und nicht im dienstrechtlichen Sinn zu verstehen. § 313 erfasst auch Handeln im Rahmen der Privatwirtschaftsverwaltung. Daher können auch Vertragsbedienstete nach § 313 bestraft werden. Bloß vorgetäuschte Amtshandlungen fallen nicht unter § 313 (13 Os 175/83).

§ 313 ist **nicht** bei Amtsdelikten (§§ 302 ff) anwendbar. Er kann auch nicht mit § 39 kumuliert werden, dh es ist **keine doppelte Strafschärfung** möglich (§ 30).

Beispiel: Der Beamte der Baupolizei fährt alkoholisiert zu einer Bauverhandlung. Da er es zu eilig hat, verursacht er einen tödlichen Verkehrsunfall. / Der Vertragsbedienstete B verlangt von ahnungslosen Parteien für die Ausstellung einer kostenlosen Amtsbestätigung „Gebühren". *Der Baupolizist begeht keine Vorsatztat und nützt auch keine durch die Amtstätigkeit gebotene Gelegenheit aus. Er kann daher nicht nach § 313 strenger bestraft werden. Anders bei B, der unter Ausnützung seiner Amtstätigkeit einen Betrug begeht.*

In den Spruch des Urteils sind die Voraussetzungen des § 313 nur dann aufzunehmen, wenn diese Bestimmung auch tatsächlich angewendet wird; im Übrigen haben diese Strafbemessungstatsachen nur in den Urteilsgründen ihren Platz (14 Os 36/99).

Nach hM stellt § 313 nur eine **fakultative Strafbemessungsvorschrift** dar, die den Strafsatz nicht ändert (13 Os 64/75). Dies hat zur Folge, dass

- § 313 für §§ 17, 21, 37, 57 und § 191 StPO unbeachtlich ist und
- keine (uneigentliche) Zusatzfrage an Geschworene (§ 316 StPO) zu richten ist.

Nach Ansicht des OGH wird durch § 313 zwar der Strafsatz nicht geändert, der Strafrahmen aber schon. In Abwendung von der bisherigen Rsp lässt er daher eine Nichtigkeitsbeschwerde nach § 281 Abs 1 Z 11 StPO auch dann zu, wenn § 313 zu Unrecht angenommen wurde und die konkrete Strafe dennoch unterhalb der erhöhten Obergrenze liegt (13 Os 44/09h). Diese Entscheidung verwirrt durch die gesetzlich nicht erklärbare Unterscheidung zwischen Strafsatz und Strafrahmen, da diese Begriffe bislang synonym verwendet wurden (ausführlich Anm *Birklbauer*, JBl 2011, 262, und Anm *Tipold*, JBl 2011, 266).

Gem § 29 Abs 2 StPO sind die durch § 313 bewirkten Änderungen für die sachliche Zuständigkeit zu beachten.

5. Änderungen der Strafrahmen bei bestimmten Gewalttaten (§ 39a)

Bei **Vorsatztaten** unter Anwendung von **Gewalt oder gefährlicher Drohung** ändert § 39a die Strafrahmen, indem bestimmte **Mindeststrafdrohungen** vorgesehen werden. Wenn

- Täter volljährig und das Opfer unmündig ist;
- Opfer besonders schutzbedürftig ist und der Täter dies ausnützt:
- bei Einsatz außergewöhnlich großer Gewalt (auch wenn diese der Tat nur vorangeht);
  Das ist dann der Fall, wenn damit ein besonderes Risiko für das Leben des Opfers verbunden ist, nach der Rsp zB bei Stichen im Hals- und Brustbereich und Tritten oder wuchtigen Schlägen in das Gesicht.
- bei Einsatz oder Drohung mit einer Waffe;
- bei verabredeter Verbindung mit mind einer weiteren Person;

so bestehen folgende Mindeststrafdrohungen, wenn diese Umstände nicht schon die Strafdrohung bestimmen:

- zwei Monate bei Strafdrohung bis zu einem Jahr;
- drei Monate bei Strafdrohungen ohne Untergrenze und Obergrenze über einem Jahr;
- ein Jahr bei Strafdrohungen mit 6 Monaten Untergrenze und
- zwei Jahre bei Strafdrohungen mit einem Jahr Untergrenze.

Eine allfällige Geldstrafdrohung entfällt. Bei § 41 (außerordentliche Strafmilderung; siehe oben c.1.) ist von diesen geänderten Strafdrohungen auszugehen (§ 39a Abs 3).

6. Änderungen der Strafrahmen bei terroristischen Straftaten (§ 278c Abs 2)

Die **Obergrenze** der Strafdrohung wird um die **Hälfte hinaufgesetzt** (nicht jedoch über 20 Jahre), wenn es sich um eine terroristische Straftat handelt.

Diese sind bestimmte, **in § 278c Abs 1 aufgezählte Delikte**, die

- **geeignet** sind, eine schwere oder längere Zeit anhaltende Störung des öffentlichen Lebens **oder** eine schwere Schädigung des Wirtschaftslebens herbeizuführen, und
- mit dem **Vorsatz** begangen werden, die Bevölkerung auf schwerwiegende Weise einzuschüchtern, öffentliche Stellen oder eine internationale Organisation zu einer Handlung, Duldung oder Unterlassung zu nötigen oder die

politischen, verfassungsrechtlichen, wirtschaftlichen oder sozialen Grundstrukturen eines Staates oder einer internationalen Organisation ernsthaft zu erschüttern oder zu zerstören.

d) Aufschub des Strafvollzugs

Tritt der Verurteilte die Freiheitsstrafe nicht sofort nach Rechtskraft des Urteils an, ist er vom Gericht schriftlich **aufzufordern**, die Strafe **innerhalb eines Monats anzutreten**.

Dabei ist auch die zuständige Justizanstalt zu bezeichnen, die ebenfalls unter Anschluss einer Urteilsausfertigung zu verständigen ist. Gegebenenfalls ist die Vorführung zum Strafantritt anzuordnen (§ 3 StVG).

Ein **Aufschub** des Strafvollzugs kommt in Betracht:

- solange **Vollzugsuntauglichkeit** vorliegt;
- bei Krankheit, Verletzung, Invalidität, körperlichem oder geistigem Schwächezustand (§ 5 Abs 1 StVG);
- bei Schwangerschaft oder Entbindung innerhalb des letzten Jahres (Aufschub max ein Jahr nach Entbindung; § 5 Abs 2 StVG);

Allerdings ist eine **Ersatzhaft** vorgesehen, wenn der Verurteilte für die Sicherheit des Staates, der Person oder des Eigentums besonders gefährlich ist, die Strafe 3 Jahre übersteigt und Fluchtgefahr anzunehmen ist sowie bei Unterbringung nach §§ 21 bis 23 (§ 5 Abs 3 und 4 StVG).

- bis zur rechtskräftigen Entscheidung über einen Widerruf einer bedingten Strafnachsicht oder Entlassung (siehe unten O.) oder über den nachträglichen Ausspruch einer Strafe nach § 15 JGG (siehe unten G.; § 6 Abs 3 StVG);
- auf Antrag, sofern der Verurteilte nicht besonders gefährlich ist:
  - für **max einen Monat** bei Strafen bis zu 3 Jahren aus wichtigen persönlichen Gründen: Aufsuchen eines lebensgefährlich erkrankten oder verletzten besonders nahestehenden Menschen, dessen Begräbnis, Erledigung damit zusammenhängender Familienangelegenheiten oder der Ehescheidung, jeweils im Inland (§ 6 Abs 1 Z 1 StVG);
  - für **max ein Jahr** bei Strafen bis zu einem Jahr: Der Aufschub erscheint anstelle des sofortigen Vollzugs zweckmäßiger für das spätere Fortkommen des Verurteilten, für den Betrieb, für den er tätig ist, für den Unterhalt ihm gegenüber Unterhaltsberechtigter oder für die Schadensgutmachung (§ 6 Abs 1 Z 2 lit a StVG);

In diesen Fällen hat das Gericht bei Vorliegen von spezialpräventiven Gründen dem Verurteilten **Weisungen** nach § 51 (siehe unten M.) zu erteilen. Außerdem ist **Bewährungshilfe** anzuordnen, wenn der Verurteilte zum Tatzeitpunkt unter 21 Jahre alt war, es sei denn, dass nach der Art der Tat, der Person des Verurteilten und seinem Vorleben anzunehmen ist, dass keine spezialpräventiven Gründe bestehen (§ 50 Abs 1). Wenn es zum **Abschluss einer Berufsausbildung** von Personen unter

21 Jahren notwendig ist, kann der Aufschub auch länger als oben angeführt dauern (§ 52 JGG).

- für **Soldaten** bei Strafen bis zu einem Jahr aus bestimmten militärdienstlichen Gründen (§ 6 Abs 1 Z 2 lit b StVG).

Für die Voraussetzungen des Aufschubs ist bei teilbedingten Strafen nur auf den unbedingten Strafteil abzustellen (15 Os 131/89). Sind mehrere Strafen unmittelbar nacheinander zu vollziehen, ist die Gesamtdauer der zu vollziehenden Strafen, die den Gegenstand der Strafvollzugsanordnung bilden, maßgebend (13 Os 144/17a).

Sonderregelung für Süchtige (§ 39 SMG): Ein Aufschub für **max 2 Jahre** hat bei Strafen bis zu 3 Jahren zu erfolgen, sofern es sich um eine SMG-Straftat oder um eine Tat handelt, die im Zusammenhang mit der Beschaffung von Suchtmitteln begangen wurde, und sich der Verurteilte einer gesundheitsbezogenen Maßnahme (§ 11 Abs 2 SMG, zB Entzug) unterzieht. Bei Erfolg dieser Maßnahme hat **nachträglich** eine **bedingte Strafnachsicht** nach § 40 SMG zu erfolgen.

Ein Aufschub ist auch nach Übernahme in den Strafvollzug zulässig. Unzulässig ist er bei qualifiziertem Suchtgifthandel nach § 28a Abs 2, 3 oder 4 SMG und einer Verurteilung zu über 1 1/2 Jahren wegen einer Tat, die mit der Beschaffung von Suchtmitteln in Zusammenhang steht, wenn der Täter erhebliche Gewalt gegen Personen angewendet hat oder andere spezialpräventive Gründe bestehen (§ 39 Abs 1 Z 2 SMG).

Umstritten ist, ob eine Anwendung von § 39 SMG ausscheidet, wenn gleichzeitig auch eine bedingte Strafnachsicht oder Entlassung widerrufen wird (wobei egal ist, ob die diesbezüglichen Taten dem SMG unterlagen) und die Summe der zu vollziehenden Strafen mehr als 3 Jahre beträgt (so 11 Os 89/19z; aM Anm *Schwaighofer*, JSt 2020, 72).

Die **Aufschubfristen** berechnen sich von dem Tage an, an dem die Strafe anzutreten gewesen wäre, das ist der Tag nach der Zustellung der Aufforderung zum Strafantritt (WR 586).

Ausgeschlossen ist ein Aufschub in den Fällen des § 6 Abs 1 StVG, wenn

- der Verurteilte für die Sicherheit des Staates, der Person oder des Eigentums besonders gefährlich ist oder
- eine Unterbringung in einer Anstalt nach §§ 21 bis 23 angeordnet wurde.

Der Aufschub ist **zu widerrufen**, wenn (§ 6 Abs 4 StVG)

- erteilte Weisungen nicht eingehalten werden,
- begründete Fluchtgefahr oder
- dringender Verdacht des Rückfalls besteht.

Über den Aufschub und dessen Widerruf entscheidet der **Vorsitzende des erkennenden Gerichtes**. Für das Verfahren gelten grundsätzlich die Bestimmungen der StPO. Der Verurteilte hat die Rechte des Beschuldigten. Der Beschwerde (sowie einem Antrag auf Aufschub) kann **aufschiebende Wirkung** zuerkannt werden, außer das Rechtsmittel ist offenbar aussichtslos oder es stehen generalpräventive Gründe entgegen (§ 7 StVG).

e) Vorläufiges Absehen vom Strafvollzug wegen Einreise- oder Aufenthaltsverbots

1. Bei Auslieferung des Verurteilten ins Ausland ist vom Vollzug der Freiheitsstrafe vorläufig abzusehen, außer es bestehen besondere generalpräventive Gründe für den unverzüglichen Vollzug.

Kehrt der Ausgelieferte zurück, so ist die Strafe zu vollziehen; sie ist aber ganz oder teilweise bedingt nachzusehen, soweit der Verurteilten im Ausland eine Strafe verbüßt hat und er sonst ungünstiger gestellt wäre, als wenn über alle Straftaten ein österreichisches Gericht entschieden hätte (§ 4 StVG).

2. Bei einem Verurteilten ist gem § 133a StVG **nach 3 Monaten** der Strafzeit, wenn er die **Hälfte verbüßt** hat, vom weiteren Vollzug vorläufig abzusehen, wenn

– gegen ihn ein **Einreise- oder Aufenthaltsverbot** besteht,
– er sich bereit erklärt, unverzüglich auszureisen, und dies zu erwarten ist und
– der Ausreise keine rechtlichen oder tatsächlichen Hindernisse entgegenstehen.

Vom Vollzug darf aber dann **nicht** vorläufig abgesehen werden, wenn

– der Verurteilte noch nicht zwei Drittel der Strafzeit verbüßt hat und
– im Hinblick auf die Schwere der Tat ein Vollzug aus generalpräventiven Gründen ausnahmsweise nötig ist.

Dieses Rechtsinstitut sui generis kommt **nur subsidiär** gegenüber den Auslieferungen nach dem EU-JZG oder den zwischenstaatlichen Vereinbarungen zum Einsatz.

Die Entscheidung trifft das Vollzugsgericht (§ 133a Abs 4 StVG). Es handelt sich dabei um nicht bloß um eine Ermessensentscheidung, generalpräventive Erwägungen sind nur ausnahmsweise, nach zwei Drittel der Strafteil hingegen überhaupt nicht, von Bedeutung. Spezialpräventive Überlegungen sind unbeachtlich (12 Os 131/08v).

Der Anstaltsleiter hat die zuständige Fremdenbehörde zu informieren, welche dann die Überwachung der Ausreise bis an die Grenze sicherzustellen hat.

Reist der Verurteilte nicht aus oder kehrt er während des Aufenthaltsverbots zurück, ist die **Haft weiter zu vollziehen**, ohne dass es einer weiteren gerichtlichen Entscheidung bedürfte (§ 133a Abs 5 StVG).

Nach dem EuGH (C-297/12) darf aufgrund der Richtlinie 2008/115/EG über gemeinsame Normen und Verfahren in den Mitgliedstaaten zur Rückführung illegal aufhältiger Drittstaatsangehöriger ein Verstoß gegen ein Einreiseverbot strafrechtlich nicht geahndet werden, wenn die Dauer dieses Verbotes 5 Jahre übersteigt. Wurde daher über einen Ausländer (der nicht Unionsbürger ist), in der Vergangenheit ein unbefristetes Einreiseverbot verhängt, ist nach Ablauf von 5 Jahren bei der Einreise die Fortsetzung des Strafverfahrens nicht mehr zulässig. In europarechtkonformer Auslegung ist die Freiheitsstrafe gem § 133a Abs 6 StVG in diesen Fällen als vollzogen anzusehen (OLG Wien 33 Bs 81/16b, JSt 2016, 558).

f) Elektronisch überwachter Hausarrest

Literatur: *Birklbauer*, „Elektronische Fußfessel“ an Stelle von Untersuchungs- und Strafhaft, AnwBl 2016, 319; *Hammerschick*, Die elektronische Fußfessel als Ressource modernen Haftmanagements – Ausweitungsmöglichkeiten, Chancen und Grenzen, JSt 2020, 244; *Huber*, Was bringt die elektronische Fußfessel?, RZ 2011, 84; *Koss/Nogratnig*, Ein Jahr elektronisch überwachter Hausarrest, RZ 2011, 237; *Mock*, Der elektronisch überwachte Hausarrest und die Vollzugslockerung Freigang – die Konkurrenz zwischen Vollzugsform und Vollzugslockerung, JSt 2015, 233; *Walser*, Empirische Bestandsaufnahme zum elektronisch überwachten Hausarrest, JSt 2018, 129.

1. Bei dieser **Vollzugsform** für eine zeitliche Freiheitsstrafe hat sich der Rechtsbrecher grundsätzlich ständig in seiner Unterkunft aufzuhalten. Er darf sie nur so weit verlassen, als dies zur Ausübung einer Beschäftigung, zum Einkauf des notwendigen Lebensbedarfes, zur Inanspruchnahme medizinischer Hilfe oder zu sonst ausdrücklich festgelegten Bedingungen notwendig ist. Er hat einen monatlichen Kostenersatz zu leisten.

Der Rechtsbrecher trägt am Fußgelenk einen Sender. Sobald der Empfänger, dessen Empfangsradius individuell eingestellt werden kann, kein Signal mehr empfängt (weil sich der Verurteilte zu weit weg bewegt oder das Band entfernt), wird Alarm bei der Justizanstalt ausgelöst.

Die Entscheidung über diese Vollzugsform trifft der Leiter der Justizanstalt. Bei Vorliegen des Voraussetzungen ist der Rechtsbrecher darüber zu informieren und zur Antragstellung anzuleiten (§ 144 Abs 4 StVG). Erforderlichenfalls ist er durch einen Sozialarbeiter zu betreuen (§ 156d StVG).

Das **Gericht kann** im Strafurteil allerdings **aussprechen**, dass ein Hausarrest aus spezialpräventiven oder besonderen generalpräventiven Gründen für einen bestimmten Zeitraum **nicht in Betracht** kommt. Allerdings darf dieser Zeitraum nicht länger sein als in § 46 Abs 1 (bedingte Entlassung) angeführt (§ 266 Abs 1 StPO).

2. Freiheitsstrafen sind auf Antrag des Rechtsbrechers als **Hausarrest** zu vollziehen, **wenn** die (noch zu verbüßende) Strafzeit unter Berücksichtigung der voraussichtlichen bedingten Entlassung (§ 156c Abs 1 StVG):

- nicht **12 Monate** übersteigt bei Verurteilungen wegen §§ 75, 76, 87, 107b Abs 3a Z 3, 143 Abs 2, §§ 201 bis 207b, §§ 278b bis 278g bzw
- sonst nicht **24 Monate** übersteigt und
- er eine inländische Unterkunft hat, die im gemeinsamen Haushalt lebenden Personen willigen schriftlich ein;
- er geht einer geeigneten Beschäftigung nach (zB auch Ausbildung, Betreuung der eigenen Kinder, gemeinnützige Arbeit);
- er kann seinen Lebensunterhalt durch sein Einkommen bestreiten;
- er genießt Kranken- und Unfallversicherungsschutz;
- unter Berücksichtigung der Wohnverhältnisse, des sozialen Umfeldes, allfälliger Risikofaktoren und der auferlegten Bedingungen ist anzunehmen, dass kein Missbrauch des Hausarrests erfolgen wird.

Die geeignete Beschäftigung muss zum Entscheidungszeitpunkt vorliegen, aber nicht notwendig für die gesamte Haftdauer gesichert sein (JSt-Slg 2020, 160).

3. Bei **Sexualstraf- und terroristischen Tätern** gelten folgende **Einschränkungen** (§ 156c Abs 1a StVG):

- Bei Verurteilung wegen §§ 201 bis 207b und §§ 278b bis 278g muss der Täter die Hälfte (mind aber 3 Monate) der Strafe verbüßt haben.
- Bei Delikten nach dem 1. und 3. Abschnitt (Delikte gegen Leib und Leben, Freiheit), die zur geschlechtlichen Erregung oder Befriedigung begangen wurden, sowie bei sonstigen Delikten nach dem 10. Abschnitt des StGB (§ 52a Abs 1) muss aus besonderen Gründen gewährleistet sein, dass der Täter den Hausarrest nicht missbrauchen wird.
- Vor der Entscheidung ist eine Äußerung des Opfers und der Begutachtungsstelle für Gewalt- und Sexualstraftäter einzuholen. Das Opfer ist von einer Bewilligung des Hausarrests zu verständigen.

4. Der Hausarrest ist **zu widerrufen**, wenn (§ 156c Abs 2 StVG):

- eine der oben genannten Voraussetzungen wegfällt;
- der Rechtsbrecher eine ihm auferlegte Anordnung oder Bedingung in schwerwiegender Weise oder trotz förmlicher Mahnung nicht einhält;
- länger als ein Monat Verzug mit Kostenbeitrag;
- dringender Verdacht einer vorsätzlichen Straftat während des Hausarrests;
- dringender Verdacht einer Straftat, die die Bewilligung verhindert hätte;
- dringende Fluchtgefahr.

Zur Möglichkeit, Untersuchungshaft über gerichtlichen Beschluss als Hausarrest zu vollziehen, siehe § 173a StPO.

g) Haftentschädigung (StEG)

Literatur: *Bertel*, Zum strafrechtlichen Entschädigungsgesetz, Miklau-FS 41; *Felnhofer-Luksch*, Bemerkungen zum Entwurf für ein Strafrechtliches Entschädigungsgesetz 2004, ÖJZ 2003, 410; *Schantl*, Gesetzwidrige Haft ohne Anspruch auf Haftentschädigung?, JBl 2005, 289.

1. Der Bund hat nach dem StEG 2005 alle Schäden zu ersetzen, die durch den Entzug der persönlichen Freiheit im Rahmen der Strafrechtspflege entstanden sind. Erfasst ist neben dem **positiven Schaden** auch das erlittene **Haftübel** als immaterieller Schaden. Der Schaden ist nur in Geld zu ersetzen, der Umfang richtet sich nach dem ABGB und ist zwischen 20 und 50 € festzusetzen. Dabei sind für das Haftübel die Dauer der Anhaltung, die persönlichen Verhältnisse des Geschädigten und deren Änderung durch die Haft zu berücksichtigen (§ 5 StEG). Der Geschädigte kann seine Ansprüche auch auf das AHG stützen.

Der Ersatzanspruch kann gegen das Organ, das den Schaden zugefügt hat, im ordentlichen Rechtsweg nicht geltend gemacht werden (§ 12 Abs 2 StEG).

Ersatzanspruch besteht für (§ 2 StEG):

- **gesetzwidrige Haft** durch inländische Behörde (zum Zweck der Strafrechtspflege) oder inländisches Strafgericht;
- **ungerechtfertigte Haft:** Inländisches Strafgericht spricht frei oder setzt außer Verfolgung;
- nach **Wiederaufnahme**, **Erneuerung** des Verfahrens oder **sonstiger Aufhebung** spricht inländisches Strafgericht frei, setzt sonst außer Verfolgung oder verurteilt zur milderen Strafe oder Maßnahme.

Ein Ersatzanspruch ist **ausgeschlossen** (§ 3 Abs 1 StEG):

- soweit eine Anrechnung auf eine Strafe oder Maßnahme erfolgt;
- bei ungerechtfertigter Haft: Verfolgung entfällt nur deshalb, weil
  - Ermächtigung oder Antrag zur Verfolgung zurückgezogen wurde,
  - das Verfahren mit Diversion beendet wurde;
- Strafbarkeit entfällt aus Gründen, die nach Haft eintreten,
- Tat wurde im Zustand der Zurechnungsunfähigkeit begangen;
- nach Aufhebung des Urteils erfolgt nur deshalb günstigere Entscheidung, weil zwischenzeitlich das Gesetz geändert wurde.

Ein Ersatzanspruch kann (außer bei gesetzwidriger Haft) **gemindert oder ausgeschlossen** werden, wenn er unter Bedachtnahme auf folgende Umstände unangemessen wäre (§ 3 Abs 2 StEG):

- Haftgründe;
- Gründe für Freispruch oder Einstellung;
- Verdachtslage zur Zeit der Festnahme oder Anhaltung.

Letzteres ist bei einem Freispruch nach § 259 Z 3 StPO nicht zu berücksichtigen.

Die Haftung des Bundes kann wegen eines **Mitverschuldens des Geschädigten** nach § 1304 ABGB eingeschränkt oder ausgeschlossen werden, insbes wenn dieser (§ 5 StEG):

- sich wahrheitswidrig selbst belastet oder wesentliche entlastende Umstände verschweigt;
- ordnungsgemäße Ladungen nicht befolgt;
- gelinderen Mitteln zuwiderhandelt.

Ein Berücksichtigen des Mitverschuldens ist bei gesetzwidriger Haft unzulässig, wenn die Festnahme oder Anhaltung gegen Art 5 EMRK oder das BVG über den Schutz der persönlichen Freiheit erfolgte (§ 4 Abs 2 StEG).

Der Ersatzanspruch **verjährt** (§ 8 StEG):

- **3 Jahre** nach Kenntnis der anspruchsbegründenden Voraussetzungen,
- frühestens aber ein Jahr ab Rechtskraft der Entscheidung, aus der der Anspruch abgeleitet wird.

- **10 Jahre** nach der Haft, wenn
  - die anspruchsbegründenden Voraussetzungen nicht bekannt sind;
  - der Schaden aus einer Vorsatztat resultiert, die mit mehr als einjähriger Freiheitsstrafe bedroht ist.

2. Verfahren: Das StEG 2005 ist dem Amtshaftungsverfahren nachgebildet. Der Geschädigte hat gem § 9 StEG zunächst die Finanzprokuratur schriftlich aufzufordern, binnen 3 Monaten den Anspruch anzuerkennen.

Das für die Entscheidung über den Ersatzanspruch zuständige Gericht kann Verfahrenshilfe auch für dieses Aufforderungsverfahren gewähren. Klagt der Geschädigte den Bund, ohne zuvor die Finanzprokuratur zum Anerkenntnis aufgefordert zu haben, oder wartet er die 3-Monats-Frist nicht ab, treffen ihn Kostenfolgen nach § 45 ZPO, wenn der Anspruch im Zivilprozess anerkannt wird (§ 9 Abs 2 StEG).

Für die Klage ist jenes **Landesgericht** in Zivilsachen **zuständig**, in dessen Sprengel die Rechtsverletzung begangen wurde. Traf die Entscheidung, aus der der Ersatzanspruch abgeleitet wird, aber der Präsident oder ein Senat des Landesgerichtes oder des OLG, das für die Klage (in erster Instanz oder als Rechtsmittelgericht) zuständig wäre, so hat das übergeordnete Gericht (dh OLG oder OGH) ein anderes Gericht gleicher Gattung zu bestimmen (§ 12 Abs 1 StEG iVm § 9 AHG).

Das **Zivilgericht** ist an rechtskräftige Entscheidungen inländischer Gerichte oder des EGMR **gebunden**, in denen die Rechtswidrigkeit der Festnahme oder Anhaltung bzw die Verletzung des Grundrechts der persönlichen Freiheit ausgesprochen wurde (§ 10 StEG).

Wird ein Strafverfahren zum Nachteil des Geschädigten wiederaufgenommen, so sind anerkannte Ansprüche vorläufig nicht auszuzahlen, Klagen zurückzuweisen und anhängige Zivilprozesse zu unterbrechen. Nach rechtskräftiger Entscheidung im wiederaufgenommenen Verfahren sind bereits geleistete Entschädigungsbeträge zurückzubezahlen, soweit sie nicht gutgläubig verbraucht wurden (§ 11 StEG).

D. Anrechnung der Vorhaft

Literatur: *Nimmervoll*, Vorhaftanrechnung (§§ 38, 66 StGB) bei deren unbekanntem Beginn bzw Ende, JSt 2016, 295.

Sowohl auf die Freiheits- als auch auf die Geldstrafe ist die Verwahrungs- und Untersuchungshaft (gleichgültig, ob es sich um eine gerichtliche oder verwaltungsbehördliche Haft handelt) anzurechnen. Auch Hausarrest (§ 173a StPO) gilt als anzurechnende Vorhaft.

Der OGH hält die Anrechnung einer sicherheitsbehördlichen Verwahrungshaft, die unter einem Tag gedauert hat, nicht für zulässig, weil „Haft" nach § 18 Abs 2 erst ab einem Tag Freiheitsentziehung vorliege (12 Os 165/15d).

Auch eine vorläufige Anhaltung im Rahmen einer vorbeugenden Maßnahme (§§ 21 bis 23) ist im Fall eines Strafurteils anzurechnen (§§ 429 Abs 6, 442 StPO).

Die Vorhaftanrechnung hat auf die Strafe **unabhängig** davon zu erfolgen, **ob** und in welchem Umfang deren **bedingte Nachsicht** gewährt wird. Vorhaftanrechnung nur auf den unbedingten Teil ist unzulässig (14 Os 57/95).

Diese Vorhaft kann wegen der Tat erlitten worden sein, für die der Täter bestraft wird (§ 38 Z 1), oder auch wegen anderer Taten in anderen Verfahren (§ 38 Z 2).

Nach dem Gesetzeswortlaut wäre nach § 38 Z 2 nur eine Vorhaft erfasst, die nach der bestraften Tat erfolgte. Im Wege der Analogie werden aber auch jene Haftzeiten einbezogen, die vor der bestraften Tat erlitten wurden. Voraussetzung ist allerdings, dass die betreffenden Verfahren nach § 37 StPO hätten verbunden werden können (15 Os 117/97).

Hat der Täter für die Tat, derentwegen er im Inland bestraft wird, schon **im Ausland** eine **Strafe verbüßt**, ist diese auf die im Inland verhängte Strafe nach **§ 66** anzurechnen. Wurde die Strafe dort bedingt nachgesehen, kommt eine Anrechnung einer ausländischen Haft nach § 38 in Betracht.

Wird **auf** eine **Geldstrafe angerechnet**, so ist die Ersatzfreiheitsstrafe maßgebend: Diese beträgt einen Tag für zwei Tagessätze Geldstrafe (§ 19 Abs 3).

Beispiel: A war einen Monat in Untersuchungshaft (Anklage wegen § 125). Er wird wegen § 125/§ 135 zu 3 Monaten Freiheitsstrafe/360 Tagessätzen Geldstrafe unbedingt/bedingt verurteilt. *In beiden Fällen wird A nach § 38 Abs 1 Z 1 wegen derselben Tat verurteilt, der er angeklagt wurde (§ 262 StPO). A hat daher durch Vorhaftanrechnung noch 2 Monate abzusitzen bzw 300 Tagessätze zu zahlen, bei bedingter Nachsicht freilich nur im Fall des Widerrufs.*

Wird nach einer **Wiederaufnahme** des Verfahrens der Täter neuerlich zu einer Strafe verurteilt, so ist die im vorigen Verfahren erlittene Strafe nach § 38 anzurechnen (§ 358 Abs 4 StPO).

§ 38 ist **nicht** auf Zeiten **anzuwenden**, die bereits angerechnet wurden oder für die eine Haftentschädigung erfolgt ist. Die Anrechnung erfolgt **im Urteil** (als Ergänzung zum Strafausspruch).

Über die Anrechnung von Haftzeiten, die zwischen der Fällung des Urteils 1. Instanz und dessen Rechtskraft liegen (**„Zwischenhaft“**), entscheidet der Vorsitzende des erkennenden Gerichts mit **Beschluss**. Eine **fehlerhafte Anrechnung** der Vorhaft kann jederzeit vom Vorsitzenden mit Beschluss **berichtigt** werden, zum Nachteil des Verurteilten aber nur bis Rechtskraft des Urteils (§ 400 StPO).

Dem Gericht kommt es keinesfalls zu, gerichtliche Haftzeiten auf eine **Verwaltungsstrafe** anzurechnen, weil es damit gegen den Grundsatz der Gewaltentrennung des Art 94 B-VG verstoßen und in die Zuständigkeit der Verwaltungsbehörde eingreifen würde (15 Os 189/94). Ebenso wenig darf ein inländisches Gericht eine Strafe auf ein ausländisches Urteil anrechnen, weil damit in die Souveränität des anderen Staates eingegriffen wird (JSt-Slg 2018/27, 250).

E. Nebenstrafen

Literatur: *Hinterhofer*, Die Konfiskation – oder: Erweiterung des Sanktionensystems im österr. Strafrecht, ecolex 2011, 216; *Stiebellehner*, Die Nebenstrafe der Konfiskation (§ 19 StGB), JSt 2018, 14; *Schmidthuber*, Konfiskation, Verfall und Einziehung (2016); *Tipold*, Konfiskation und Verfall, in *Lewisch* (Hrsg), Jahrbuch Wirtschaftsstrafrecht und Organverantwortlichkeit (2014), 179;

Nebenstrafen sind solche, die nur in Verbindung mit einer anderen Strafe (Geld- oder Freiheitsstrafe) verhängt werden dürfen. Das StGB sieht (nur) die Konfiskation als Nebenstrafe vor. Weitere finden sich in § 17 FinStrG und im Wahlrecht.

Die Urteilsveröffentlichung nach § 91 Abs 4 UrhG wird von der hM nicht als Nebenstrafe angesehen. In Deutschland ist der Führerscheinentzug als Nebenstrafe ausgestaltet.

a) Konfiskation

Die Konfiskation betrifft alle im Inland befindlichen (§ 65a) Werkzeuge und Produkte von Straftaten bzw deren Ersatzwerte. Sie ist eine Nebenstrafe, die nur zugleich mit einer Hauptstrafe verhängt werden kann.

Die Konfiskation kann gem § 44 Abs 2 auch unabhängig von der Hauptstrafe bedingt nachgesehen werden.

Der Konfiskation unterliegen alle **Gegenstände**, die zur Zeit der gerichtlichen Entscheidung erster Instanz im **Eigentum des Täters** stehen und (§ 19a Abs 1)

- die er zur Begehung einer vorsätzlichen Straftat verwendet hat,
- die von ihm dazu bestimmt waren, dafür verwendet zu werden,
- die durch diese Handlungen hervorgebracht worden sind oder
- deren Ersatzwerte.

Steht der Gegenstand hingegen lediglich im Miteigentum des Täters, so ist eine Konfiskation ausgeschlossen (anders, wenn sie im Miteigentum mehrerer Mittäter steht). Andernfalls wäre nämlich ein Dritter mitbetroffen, was dem Schuldprinzip widersprechen würde.

Als Strafe setzt die Konfiskation eine **vorsätzliche, rechtswidrige und schuldhafte Tat** (auch Versuch) voraus. In Bezug auf Fahrlässigkeitstaten oder wenn keine körperliche Sache vorliegt, kommt § 19a nicht in Betracht. Die Beute ist nicht durch eine Straftat hervorgebracht, weil sie nicht durch die Tat körperlich entstanden oder in ihre gegenwärtige Beschaffenheit gebracht wurde (11 Os 76/17m; siehe aber Verfall nach § 20). Die Einziehung nach § 26 setzt im Gegensatz zu § 19a eine spezifische Gefährlichkeit voraus und hat damit einen eingeschränkten Anwendungsbereich (siehe unten V.E.).

Konfisziert werden kann zB das bei einem Raub verwendete Fluchtfahrzeug, ein Computer, mit dem Kinderpornographie kopiert oder eine sonstige Straftat begangen wird, ebenso wie ein gefälschtes Beweismittel (das uU wertvoll sein könnte).

Hat der Täter diese Sache inzwischen verkauft, so unterliegt der dafür erhaltene Kaufpreis der Konfiskation. Ist der Gegenstand in wissenschaftlicher oder geschichtlicher Hinsicht für eine Lehr- oder Forschungsanstalt von Interesse, ist er dieser zur Verfügung zu stellen (§ 408 Abs 2 StPO).

Dass ein Angeklagter ohne Voraussetzungen des § 19a einer Konfiskation zustimmen könnte, ist systematisch abzulehnen, weil er bei der Strafzumessung nicht mitzureden hat (vgl 14 Os 2/15y mit Anm *Tipold*, JBl 2015, 669).

Von der Konfiskation ist **abzusehen**, soweit sie außer Verhältnis steht (§ 19a Abs 2)

- zur Bedeutung der Tat oder
- zu dem den Täter treffenden Vorwurf.

Da die Konfiskation als Strafe tat- und schuldangemessen zu sein hat, wird sie **bei** der **Strafzumessung** der Hauptstrafe entsprechend zu **berücksichtigen** sein, ohne dass dafür konkrete gesetzliche Vorgaben bestünden.

Der OGH möchte hingegen die Bemessung der Hauptstrafe ohne Rücksicht auf die Nebenstrafe vornehmen und (nur) die Nebenstrafe in Hinblick auf eine insgesamt Schuld- und Tatangemessenheit der Bestrafung (erst) im Rahm der Verhältnismäßigkeitsprüfung des § 19a Abs 2 allfällig einschränken (15 Os 187/15m).

Die Rsp erachtet die Konfiskation eines „Seehauses“ (kleines Gebäude am Ufer eines Sees samt 180 m^2 Grund) als zulässig, wenn ein Sexualstraftäter 17 Jahre lang viele minderjährigen Opfer schwer missbrauchte und einige dorthin einlud, um ihr Vertrauen zu gewinnen, mit ihnen dort allein zu sein und dies die Tatbegehung wesentlich erleichterte (14 Os 29/21b mit Anm *Stiebellehner*, JBl 2022, 116).

Prozessual wird die Konfiskation durch **Sicherstellung** und **Beschlagnahme** nach §§ 110 Abs 1 Z 3, 115 Abs 1 Z 3 StPO gesichert. Bei Wegfall der Voraussetzungen der Beschlagnahme oder bei Erlag eines vom Gericht zu bestimmenden Geldbetrages ist die **Beschlagnahme** wieder **aufzuheben** (§ 115 Abs 5 StPO).

Nach § 445 Abs 2a StPO ist ein **objektives Verfahren** (nur) dann vorgesehen, wenn

- der Täter gem §§ 164 f StPO vernommen wurde,
- das Verfahren wegen seiner Erkrankung oder Flucht abgebrochen wurde und
- es aufgrund ausreichend geklärten Sachverhalts wahrscheinlich zu einer Verurteilung kommen würde.

Diese Regelung beruht auf Art 4 Abs 2 der Richtlinie 2014/42/EU und ist deshalb in Hinblick auf Art 6 MRK problematisch, weil damit eine Strafe verhängt wird, ohne dass formell ein Schuldspruch erfolgt; dass dem Täter rechtliches Gehör gewährt wird, ändert daran nichts.

Die Zahlung und Eintreibung von Geldbeträgen richten sich nach § 409 StPO.

Dabei ist auch die Auskunft aus dem Kontenregister oder die Auskunft über Bankkonten (§ 116 StPO) zulässig, wenn aufgrund bestimmter Tatsachen anzunehmen ist, dass auf diese Weise Vermögenswerte zur Vollstreckung aufgefunden werden können (§ 409 Abs 2 StPO).

b) Ausschluss vom aktiven Wahlrecht

Der Ausschluss vom aktiven Wahlrecht ist in § 22 NRWO und § 3 EuWEG geregelt.

Durch entsprechende Verweise erstreckt er sich nicht nur auf die Wahlen des Nationalrats und des Europäischen Parlaments, sondern auch auf die des Bundespräsidenten, auf Volksbegehren, -abstimmungen und -befragungen. Die Landtagswahlordnungen der Länder übernehmen idR inhaltlich die Bestimmungen der NRWO.

Vom Wahlrecht kann ausgeschlossen werden, wer von einem inländischen Gericht **wegen** einer **strafbaren Handlung nach**

- dem 14. bis 18., 24. oder 15. Abschnitt des Besonderen Teiles (zB Hoch- und Landesverrat, Wahldelikte, Taten gegen Heer und oberste Staatsorgane),
- §§ 278a bis 278c (Kriminelle Organisation, terroristische Vereinigung, terroristische Straftaten),
- dem Verbotsgesetz
- oder wegen eines in Zusammenhang mit Wahl, Volksabstimmung, Volksbefragung oder Volksbegehren begangenen Amts- oder Korruptionsdelikts nach dem 22. Abschnitt des Besonderen Teiles (§§ 302 bis 313)

zu einer **nicht bedingt** nachgesehenen Freiheitsstrafe von **mind einem Jahr** verurteilt wird.

Der Ausschluss vom Wahlrecht kann überdies verhängt werden, wenn wegen (irgend)einer strafbaren **Vorsatztat** eine **nicht bedingt** nachgesehene Freiheitsstrafe von **mehr als 5 Jahren** verhängt wird.

Diese Nebenstrafe **setzt** als solche aber **Schuld** und daher auch die Begehung einer strafbaren Handlung **voraus** (nur mit Strafe bedrohte Handlung reicht nicht). Sie scheidet daher bei einer vorbeugenden Maßnahme nach § 21 Abs 1 jedenfalls aus. Sie ist jeweils im Einzelfall unter Abwägung aller nach §§ 32 ff maßgebenden Umstände (siehe unten II.H.) und unter Berücksichtigung der verhängten Hauptstrafe zu verhängen.

Über den Ausschluss vom Wahlrecht ist im Strafurteil zu entscheiden. Die Entscheidung steht dem Ausspruch über die Strafe gleich und kann mit Berufung angefochten werden. Auch nachträgliche Strafmilderung kommt in Betracht (§ 446a StPO).

Der Ausschluss vom Wahlrecht beginnt mit Rechtskraft des Urteils und endet, sobald die Strafe vollstreckt ist und die mit Freiheitsentziehung verbundene vorbeugende Maßnahme vollzogen oder weggefallen sind. Ist die Strafe nur durch Anrechnung einer Vorhaft verbüßt worden, so endet der Ausschluss mit Rechtskraft des Urteils (§ 22 Abs 2 NRWO, § 3 Abs 2 EuWEG).

F. Rechtsfolgen der Verurteilung

Literatur: *Birklbauer/Hofer*, Nebenfolgen einer strafgerichtlichen Verurteilung – Rechtslage zum 1.1.2021, JSt 2021, 115; *Germ/Ghanzanfari*, Bedingte Nachsicht von Nebenstrafen und Rechtsfolgen, ÖJZ 2024, 154; *Pabel*, Wahlrecht auch für Strafgefangene?, ÖJZ 2005, 550; *Schedlberger*, Amtsverlust bei Verhängung einer Zusatzstrafe?, ÖJZ 1987, 549; *Schwaighofer*, Der neue Amtsverlust – Verhältnismäßigkeit und Rückwirkungsverbot, ÖJZ 2013, 544.

a) Allgemeines

Rechtsfolgen treten unabhängig vom Willen des Gerichts **ex lege** ein. Die konkreten Folgen und deren Voraussetzungen sind in jeweiligen Gesetzen außerhalb des Strafrechts geregelt. § 13 GewO sieht zB einen Ausschluss von der Ausübung eines Gewerbes vor, § 2 GSchG den Ausschluss vom Amt eines Laienrichters, § 6 MilStrG die Degradierung und Unfähigkeit zur Beförderung und § 10 StbG den Ausschluss der Staatsbürgerschaftsverleihung.

Im Gegensatz zu früher regelt § 22 NRWO den Ausschluss vom aktiven Wahlrecht nicht mehr als Rechtsfolge, sondern als von der Entscheidung des Gerichtes im Einzelfall abhängige Sanktion. Im Gegensatz dazu ist der der Verlust des passiven Wahlrechts (die „Wählbarkeit") in § 41 NRWO als Rechtsfolge bei bestimmten gerichtlichen Verurteilungen vorgesehen..

Rechtsfolgen können unabhängig von allfälligen anderen verhängten Strafen auch **bedingt nachgesehen werden** (§ 44 Abs 2).

Eine bedingte Nachsicht der Rechtsfolgen ist daher auch möglich, wenn die Strafe gar nicht oder nur teilbedingt nachgesehen wird. Da Rechtsfolgen ex lege eintreten, können sie nach Rechtskraft des Urteils nicht mehr nachträglich bedingt nachgesehen werden (11 Os 83/18). Da der Führerscheinverlust auf der individuellen Entscheidung einer Behörde beruht, ist er keine Rechtsfolge und unterliegt nicht § 44.

Handelt es sich nicht um den Verlust eines Rechts, das auf Wahl, Verleihung oder Ernennung beruht, so enden Rechtsfolgen grundsätzlich **nach 5 Jahren**, außer es ist im konkreten Gesetz anders geregelt (§ 27 Abs 2).

Die Frist beginnt, sobald die Strafe vollstreckt ist. Wurde die Strafe bloß angerechnet, so beginnt die Frist mit Rechtskraft des Urteils.

Bei **Jugendstraftaten** treten Rechtsfolgen **nicht** ein (§ 5 Z 10 JGG).

b) Amts- und Funktionsverlust

1. Amtsverlust ist die wichtigste Rechtsfolge und in § 27 geregelt. Ein **Beamter** wird seines Amtes **ex lege** verlustig, wenn er durch ein inländisches Gericht wegen einer **Vorsatztat** verurteilt wird und

- die verhängte Freiheitsstrafe ein Jahr übersteigt,
- die nicht bedingt nachgesehene Freiheitsstrafe 6 Monate übersteigt oder

– er wegen §§ 92, 201 bis 217, 312 oder 312a schuldig erkannt wird (§ 20 Abs 3 Z 3 BDG).

Daher ist, wenn jemand wegen Vorsatz- und Fahrlässigkeitstaten verurteilt wird, nach § 260 Abs 2 StPO auszusprechen, welcher Teil der (bedingten) Strafe auf die Vorsatztat entfällt.

Diese Rechtsfolge trifft gem § 27 alle Beamte im dienstrechtlichen Sinn (auch Land- und Gemeindebeamte). Unter denselben Bedingungen ist für Vertragsbedienstete der **Funktionsverlust** in § 34 Abs 3 VertragsbedienstetenG geregelt. Für bestimmte Berufsgruppen existieren korrespondierende Bestimmungen (§ 100 Abs 1 Z 3 und 3a RStDG, §§ 16 Abs 1 Z 3a und 4 Landeslehrer-DienstrechtsG sowie Landes- und forstwirtschaftliches Landeslehrer-DienstrechtsG).

2. Auch jede inländische **Verurteilung nach dem VerbotsG** (unabhängig von der verhängten Strafe) führt gem § 3k VerbotsG bei Beamten und Vertragsbediensteteten automatisch zum Amts- bzw Funktionsverlust.

G. Weitere Reaktionsmöglichkeiten im Heranwachsendenstrafrecht

Literatur: *Maleczky*, Österreichisches Jugendstrafrecht[7] (2023).

Bei Jugendstraftaten und Straftaten junger Erwachsener gibt es neben der Verurteilung zu Geld- und Freiheitsstrafen zusätzlich die Möglichkeit des **Schuldspruchs ohne Strafe** (§ 12 JGG) und **unter Vorbehalt der Strafe** (§ 13 JGG).

a) Voraussetzungen für **§ 12 JGG** sind:

– nur eine geringe Strafe (bis 3 Monate) zu verhängen,
– keine spezialpräventiven Gründe,
– keine besonderen generalpräventiven Gründe.

Mit einer Verurteilung nach § 12 JGG, die auch ins Strafregister einzutragen ist (aber der beschränkten Auskunft unterliegt, siehe unten VII.), ist die Strafsache erledigt. Ein späterer Strafausspruch ist nicht mehr möglich.

b) Voraussetzungen für **§ 13 JGG** sind:

– keine spezialpräventiven Gründe,
– keine besonderen generalpräventiven Gründe.

Bei einer Verurteilung nach § 13 JGG wird die **Strafe** (noch) **nicht festgesetzt**; es ist vielmehr zunächst nur eine **Probezeit** von einem bis zu 3 Jahren zu bestimmen.

In diesem Fall ist **Bewährungshilfe** anzuordnen, es sei denn, aufgrund der Art der Tat, der Person des Täters und seines Vorlebens kann angenommen werden, dass spezialpräventive Gründe nicht vorliegen. Soweit es aus solchen Gründen aber zweckmäßig oder notwendig ist, sind **Weisungen** zu erteilen (§ 50 Abs 1a).

Unter den in §§ 15 f JGG angeführten Gründen (im Wesentlichen die Widerrufsgründe der bedingten Strafnachsicht) kann eine **Strafe nachträglich** festgesetzt werden. Nach Ablauf der Probezeit ist mit Beschluss **endgültig** von einem Strafausspruch **abzusehen**. Die Verurteilung nach § 13 JGG wirkt dann wie eine nach § 12 JGG.

H. Die Strafzumessung (ieS)

Literatur: Zum Schuldbegriff siehe auch die unter II.A angeführte Literatur. *Auer*, Unterschiede in der Legalbewährung von Strafgefangenen nach intra- bzw extramuraler Haft , JSt 2022, 456; *Burgstaller*, Grundprobleme des Strafzumessungsrechts in Österreich, ZStW 1982, 127; *Eisenriegler*, Resozialisierung von Sexualstraftätern, RZ 2001, 85; *Fink/Jehle/Pilgram,* Strafrechtliche Sanktionen im internationalen Vergleich, Deutschland – Österreich – Schweiz, JSt 2015, 81; *Grafl*, Regionale Unterschiede in der Strafzumessungspraxis in Österreich, RZ 2019, 163; *Hauptmann*, Sozialpsychologische Aspekte der Generalprävention, StPdG 1977, 76; *Heinz*, Die Wechselwirkungen zwischen Sanktionen und Rückfall bzw Kriminalitätsentwicklung, StPdG 1995, 1; *Hirtenlehner*, Differentielle Abschreckbarkeit – Über den Stand der modernen Abschreckungsforschung, JSt 2017, 144; *Koller*, Der Milderungsgrund des § 34 Abs 1 Z 1 StGB vor dem Hintergrund des Schuldbegriffs des StGB, JSt 2019, 17; *Mascha*, Zur Relevanz verwaltungsbehördlicher Vorstrafen im Rahmen der gerichtlichen Strafzumessung, ÖJZ 2019, 1061; *Moos*, Positive Generalprävention und Vergeltung; Pallin-FS 283; *ders*, Der Begriff der „geringen Schuld" in § 42, Platzgummer-FS 71; *J. Noll,* Aktuelle Rechtstatsachen zur Regionalität der Strafenpraxis in den Oberlandesgerichten, RZ 2014, 202; *Pallin*, Die Strafzumessung in rechtlicher Sicht (1982); *Pilgram*, Die erste österreichische Rückfallstatistik, ÖJZ 1991, 577; *ders*, Die neue österreichische Wiederverurteilungsstatistik, ÖJZ 2010, 19; *Rami*, Vorsatzformen und Strafbemessung, ÖJZ 2022, 873; *Venier*, Das Verhalten nach der Tat ein erschwerender Umstand?, ÖJZ 1991, 697; *ders*, Freiheitsstrafe, Geldstrafe, Strafbemessung: Eine rechtspolitische Betrachtung, Fuchs-FS 621; *Zipf*, Die Strafzumessung (1977); *ders*, Die Integrationsprävention (positive Generalprävention), Pallin-FS 479.

Strafzumessung kann **in** einem **weiten Sinn** verstanden werden und umfasst damit die Frage, welche Art von Strafe, insbes ob eine Geldstrafe anstelle einer Freiheitsstrafe (§ 37) verhängt werden und ob die Strafe bedingt nachgesehen werden soll.

Auch die in § 266 Abs 1 StPO vorgesehene Möglichkeit, Hausarrest (§ 156b StVG) als Vollzugsform auszuschließen, zählt zur Strafzumessung.

Im Gegensatz dazu versteht man unter Strafzumessung **im engeren Sinn** das Bestimmen des konkreten Ausmaßes einer Strafe, also die Dauer der Freiheitsstrafe oder die Anzahl der Tagessätze (nicht aber deren Höhe).

Strafzumessung ist ein **Akt richterlichen Ermessens**, wobei dieses nicht frei, sondern durch Vorgabe von Strafzumessungskriterien **gebunden** ist. Die Strafzumessungsentscheidung beinhaltet aber eine individuelle Wertungskomponente des Beurteilenden, die letztlich nie zur Gänze nachvollzogen werden kann. Es gibt keine „einzig richtige“ Lösung der Straffrage, sondern ein gewisses Spektrum von zulässigen Lösungen.

Daher wird die Berufungsentscheidung über das Strafausmaß nicht als Nachprüfung der erstgerichtlichen Wertung, sondern als originärer (neuer) Wertungsakt des Berufungsgerichtes verstanden.

Die vom Gesetz vorgegebene Strafdrohungsobergrenze markiert die Strafe für Taten mit sehr hohem Unrechts- und Schuldgehalt, eine allfällige Strafdrohungsuntergrenze hingegen die Strafe für leichte, gerade noch typische Fälle des betreffenden Tatbestands. Ein Unterschreiten der Untergrenze ist für atypisch leichte Fälle nach § 41 möglich.

Vorgaben zu einer „Einstiegsstrafe“ als Bruchteil der Höchststrafe oder zur Gewichtung einzelner Strafzumessungsgründe bestehen nicht (11 Os 34/18m).

Die **Strafenpraxis** in Österreich ist regional verschieden, weil die 4 Oberlandesgerichte und nicht der OGH letzte Instanz in Strafzumessungsfragen (Bereich des Ermessens) ist. In den westlichen Bundesländern sind die Gerichte bei bestimmten Delikten (va Körperverletzung und Einbruch) weniger streng als in den östlichen (sog **Ost-West-Gefälle**), bei anderen (va Vergewaltigung) ist es umgekehrt.

Maßgebende **Kriterien der Strafzumessung** sind die Schuld des Täters, die Spezialprävention und die Generalprävention.

a) Schuld

1. Der Schuldbegriff der Strafzumessung (§§ 32 ff) umfasst über den Schuldbegriff des § 4 (**Vorwerfbarkeit**) hinaus auch das vom Täter **verschuldete Unrecht**. Zur Ausmessung der Strafe wird die Schuld des Täters (im Gegensatz zum Schuldbegriff des § 4) quantifiziert.

Moos betont, dass schon der Schuldbegriff des § 4 (Strafbegründungsschuld) quantifizierbar ist. Der praktische Nutzen einer solchen Quantifizierung ist dort aber gering.

Grundlage für die Bemessung der Strafe ist die **Schuld** des Täters (§ 32 Abs 1). Sie zieht die Ober- und Untergrenze für das Strafausmaß, innerhalb derer Spezial- und Generalprävention die konkrete Strafe bestimmen. Schuld ist **tatbezogen** zu verstehen, dh grundsätzlich an der konkret verwirklichten Tat zu orientieren (**Einzeltatschuld**).

Gegeneinander abzuwägende (aber nicht als Summanden zu verstehende!) **Komponenten der Schuld** sind:

- der **Erfolgsunwert** (zB der eingetretene Schaden oder die Gefährdung),
- der **Handlungsunwert** (Ausmaß der Sorgfaltswidrigkeit und Rechtsgutbeeinträchtigung, Vorsatzgrad, Maß an Rücksichtslosigkeit) und

– der **Gesinnungsunwert**. Hier ist zu prüfen, inwieweit der Mangel an Wertverbundenheit von jener der Maßfigur des § 10 abweicht.
  Moos versteht hingegen Schuld als umfassenden Begriff des Gesinnungsunwerts, in dem Erfolgs- und Handlungsunwert als Komponenten aufgehen (*Moos*, Platzgummer-FS, 92).

2. Diese Komponenten der Schuld kommen insbesondere in der Abwägung von **Erschwerungs- und Milderungsgründen** zum Ausdruck. Dabei darf aber keinesfalls eine zahlenmäßige Gegenüberstellung dieser Gründe vorgenommen werden, sondern eine Gewichtung der einzelnen Umstände.

Die in §§ 33 und 34 aufgezählten Gründe betreffen allerdings neben der Schuld auch andere (insbes präventive) Aspekte.

§ 33 Abs 1 zählt beispielsweise besondere **Erschwerungsgründe** auf:

– Deliktskonkurrenz oder fortgesetzte Begehung über längere Zeit hinweg;
  Längerer Deliktszeitraum und Tatwiederholung bilden zusammen allerdings nur einen einzigen Erschwerungsgrund (15 Os 61/96).
– einschlägige Vorstrafen;
  Vorstrafen, die noch nicht rechtskräftig (14 Os 92/04) oder zur Zeit der Urteilsfällung getilgt sind, dürfen nicht beachtet werden; dasselbe gilt, wenn die Tilgung erst im Berufungsverfahren eintritt (15 Os 204/96).
– Verführung anderer zu Straftaten;
– Anstiftung oder führende Beteiligung an Straftaten mit mehreren Tätern;
– rassistische, fremdenfeindliche oder andere besonders verwerfliche Beweggründe, insbes Diskriminierung wegen Religion, Sprache, Geschlecht, Weltanschauung, Behinderung, Alter, sexuelle Ausrichtung;
– religiös motivierte extremistische Beweggründe;
– heimtückische, grausame oder für das Opfer qualvolle Begehung;
– Ausnützen der Wehr- oder Hilflosigkeit eines anderen;
– Missbrauch von personenbezogenen Daten, um das Vertrauen eines Dritten zu gewinnen, wodurch dem rechtmäßigen Identitätseigentümer Schaden zugefügt wird.

§ 33 Abs 2 wertet (im Namen des **Gewaltschutzes**) als erschwerend bei

– Vorsatzdelikten des 1. bis 3. und 10. Abschnitts des BT (Leib und Leben, Schwangerschaftsabbruch, Freiheit, Sexualdelikte) und
– sonstigen (auch fahrlässigen) Handlungen unter Anwendung von Gewalt oder gefährlicher Drohung
– und einer der folgenden Umstände zutrifft:
  – Täter volljährig und Opfer minderjährig oder ihm nahestehende Person, sofern für Minderjährigen wahrnehmbar;
  – Opfer Angehöriger (§ 72), ehemaliger Ehegatte, Partner, Lebensgefährte, mit dem Täter zusammenlebende Person;
  – Missbrauch einer Autoritätsstellung;
  – Opfer besonders schutzbedürftig und Täter nützt dies aus;

- Einsatz außergewöhnlich großer Gewalt (auch wenn diese der Tat nur vorangeht);
- Einsatz oder Drohung mit Waffe.

Schließlich ist nach § 33 Abs 3 im Falle des § 165 (**Geldwäsche**) erschwerend, wenn

- der Täter ein Verpflichteter nach Art 2 der Geldwäsche-Richtlinie (EU) 2015/849, (EU) 2018/843 (zB Notare, Rechtsanwälte, Kredit- und Finanzinstitute, Immobilienmakler) ist und
- die Tat in Ausübung seiner beruflichen Tätigkeit, die unter diese Richtlinie fällt, begangen hat.

Milderungsgründe sind nach § 34 insbesondere:

- Begehung der Tat zwischen dem 18. und 21. Lebensjahr, unter Einfluss eines abnormen Geisteszustandes, Schwäche an Verstand oder bei Vernachlässigung der Erziehung;

  Die Vernachlässigung einer Erziehung bis zum 18. Lebensjahr wirkt aber hinsichtlich einer 24-jährigen Täterin nach der Rsp nicht mehr mildernd (15 Os 192/94).
- bisheriger ordentlicher Lebenswandel und auffallender Widerspruch zu sonstigem Verhalten;

  Auch bei längerem Deliktszeitraum bleibt dieser Milderungsgrund erhalten (11 Os 120/13a).
- achtenswertes Tatmotiv;
- Begehung der Tat unter Einwirkung eines Dritten oder aus Furcht oder Gehorsam;
- Begehung durch Unterlassung (unechte Unterlassungsdelikte nach § 2);
- untergeordneter Tatbeitrag;
- Begehung aus Unbesonnenheit oder Affekt (allgemein begreiflicher Gemütsbewegung);
- Ausnützen einer besonders verlockenden Gelegenheit (keine vorgefasste Absicht);
- Notlage, die nicht aus Arbeitsscheu herrührt;
- einem Rechtfertigungs- oder Schuldausschließungsgrund nahekommende Umstände;
- vorwerfbarer Rechtsirrtum;
- kein Schaden eingetreten oder bloß Versuch;
- obwohl die Möglichkeit bestand, wurde der Schaden nicht vergrößert;
- Schadensgutmachung oder zumindest ernstliches Bemühen darum;
- der Täter stellt sich, obwohl er leicht hätte entfliehen können oder es wahrscheinlich war, dass er unentdeckt bleiben würde;
- Ablegen eines reumütigen Geständnisses oder wesentlicher Beitrag zur Wahrheitsfindung;
- Begehung der Tat vor längerer Zeit und seitdem Wohlverhalten;

  Nach der Rsp muss die Tat etwa 5 Jahre (Rückfallsverjährungsfrist des § 39) zurückliegen (ZVR 1994/157).

- der Täter oder eine ihm nahestehende Person erleidet durch die Tat oder als deren Folge eine beträchtliche Körperverletzung oder Gesundheitsschädigung oder sonstige gewichtige tatsächliche oder rechtliche Nachteile;
  Beträchtlich ist eine Körperverletzung, wenn sie über 14 Tage dauert, gewichtige Nachteile sind zB hohe Schadenersatzpflichten, Verlust von Arbeitsplatz oder Berechtigungen usw. Dass der Täter vom Opfer im Rahmen einer Selbstjustiz verletzt wurde, ist hier nicht zu berücksichtigen (11 Os 34/18m).
- das Strafverfahren dauert aus einem nicht vom Täter oder seinem Verteidiger zu vertretenden Grund unverhältnismäßig lange.

  Der maßgebende Zeitraum beginnt nicht erst mit der Gerichtsanhängigkeit, sondern schon mit der Mitteilung des Tatverdachtes an den Verdächtigen und dauert bis zur rechtskräftigen Verurteilung. Die Strafe ist auch dann zu mildern, wenn der Verurteilte einen Fristsetzungsantrag nach § 91 GOG unterlassen hat und so Verzögerungen hätte bekämpfen können (12 Os 160/08h).

Da die Aufzählung dieser Gründe im Gesetz **nicht taxativ** ist, können von der Rsp auch andere Umstände als erschwerend oder mildernd gewertet werden. Insbes ein **Mitverschulden** des Verletzten oder eines Dritten an der Tat wird als **Milderungsgrund** gewertet (zB ZVR 1990/37). Für die Strafzumessung irrelevant ist die Ausländereigenschaft des Täters (15 Os 11/95 und 14 Os 67/95) oder eine leugnende Verantwortung (12 Os 27/12f). Nachtatverhalten darf nur ausnahmsweise als erschwerend gewertet werden (11 Os 148/24k).

3. Umstände, die bereits die Strafdrohung bestimmen (zB §§ 76, 79), haben bei der Strafzumessung außer Betracht zu bleiben (sog **Doppelverwertungsverbot**). Zur Beurteilung dieser Frage ist daher zu prüfen, ob der als erschwerend angeführte Umstand zu den Voraussetzungen der gesetzlichen Strafdrohungsbestimmung zählt; ob Umstände sonst typischerweise mit der Verwirklichung verbunden sind, ist nach dem OGH unerheblich (15 Os 75/15s mit Anm *Schwaighofer*, JBl 2016, 60).

Die Rsp hat demgemäß einen **Verstoß** gegen das Doppelverwertungsverbot in folgenden Fällen **verneint**: Ausnützen einer Zwangslage (Ausbeutung) bei gewerbsmäßigem Betrug (15 Os 135/96); Tatwiederholung bei Gewerbsmäßigkeit (15 Os 16/95); besonders brutale Vorgangsweise bei absichtlicher schwerer Körperverletzung nach § 87 (14 Os 185/94); eine der schweren Gewalt iSd § 201 Abs 1 nahekommende Gewalt bei Vergewaltigung nach § 201 Abs 2 (15 Os 148/97); Umstand, dass ein Minderjähriger mit Suchtgift noch keinen Kontakt hatte, bei der Suchtgiftdeliktsqualifikation des § 27 Abs 4 Z 1 SMG, dh einem Minderjährigen den Gebrauch von Suchtgift zu ermöglichen (13 Os 66/93); Angehörigeneigenschaft als Großvater bei Missbrauch eines Autoritätsverhältnisses nach § 212 Abs 1 (12 Os 81/97); Vorstrafen (14 Os 113/97) und bei Widerruf einer bedingten Strafnachsicht (12 Os 148/08v); Handeln aus rassistischen Gründen bei Verhetzung nach § 283 Abs 2 (15 Os 75/15s); Einsatz aller drei im Tatbestand des § 201 Abs 1 genannten Nötigungsmittel (15 Os 4/17b).

Bejaht hat die Rsp einen Verstoß gegen das Doppelverwertungsverbot bei Annahme des Erschwerungsgrundes des Zusammentreffens strafbarer Handlungen, wenn Strafenkumulation nach § 28 Abs 2 vorliegt (15 Os 1/93); Erschwerung wegen besonders rücksichtslosen Vorgehens bei Vergewaltigung, wenn es die Qualifikation des § 201 Abs 3 oder „schwere Gewalt" des § 201 Abs 1 begründet (12 Os 132/85); Erschwerung wegen Urheberschaft der Tat, wenn dem Täter ausschließlich Bestimmungstäterschaft zur Last liegt (10 Os 183/75); Erschwerung aufgrund besonderer Verwerflichkeit der Gewinnabsicht wegen der Größe der eingeführten Suchtgiftmenge (11 Os 179/95).

4. Sonderregelung für Berauschung (§ 35):

Mildernd ist eine Berauschung nur, soweit sie nicht durch den Vorwurf des Rauschmittelkonsums aufgewogen wird. Nach der Rsp ist eine Berauschung kein Erschwerungsgrund, aM aber ein Teil der Lehre.

Infrage kommt nicht nur Berauschung durch Alkohol, sondern auch durch andere Rauschmittel.

b) Spezialprävention

Die Spezialprävention beinhaltet die **Abschreckung** des Täters, seine **Resozialisierung** und eine **Sicherungsfunktion** durch die Absonderung von der Gesellschaft.

Heute steht die **Resozialisierung** im Vordergrund. Der Täter soll Achtung vor dem Recht erlangen und – möglichst aus eigener Kraft – zur sozialen Ordnung zurückfinden.

Eine umfassende Rückfalluntersuchung hat gezeigt, dass bei Ersttätern auch weniger strenge Strafen (zB bedingte Geldstrafen) dieselbe Wirkung wie strengere Strafen haben. Darüber hinaus wurde sogar festgestellt, dass strenger bestrafte Ersttäter leichter wieder rückfällig wurden. Bei Vorbestraften hingegen konnte kein Zusammenhang zwischen der (neuerlich verhängten) Strafe und der Rückfallsrate festgestellt werden (eingehend *Pilgram*, Die erste österreichische Rückfallstatistik, ÖJZ 1991, 577); Handeln aus rassistischen Gründen bei Verhetzung nach § 283 Abs 2 (15 Os 75/15s).

Dies wird auch durch einen internationalen Sanktionsvergleich zwischen Deutschland, Österreich und der Schweiz bestätigt. Er hat zudem gezeigt, dass unterschiedliche Sanktionspraktiken in diesen Ländern (mehrheitlich Geldstrafe oder bedingte bzw unbedingte Freiheitsstrafe) keinen Einfluss auf die Rückfallsrate hat (JSt 2015, 81).

Bei der Bemessung der Strafe ist auch auf die **Auswirkungen der Strafe** und andere zu erwartende **Folgen der Tat** für das zukünftige Leben des Täters in der Gesellschaft Bedacht zu nehmen (§ 32 Abs 2 1. Satz). Der Täter soll daher durch die Strafe möglichst nicht aus gesicherten sozialen Verhältnissen herausgerissen werden.

Der **Grad sozialer Verankerung** ist insbesondere an den Faktoren Arbeit, Ausbildung, Wohnung sowie familiäre oder sonstige partnerschaftliche Beziehung zu messen. **Folgen der Tat** – soweit sie konkret abschätzbar sind – können zB im Verlust von Arbeitsplatz oder Berechtigungen (Gewerbe- oder Führerschein), in fortkommenshindernden Verletzungen des Täters oder in der Pflegebedürftigkeit naher Angehöriger (nach einem durch den Täter verschuldeten Verkehrsunfall) oder in einem übermäßig langen Strafverfahren liegen (siehe § 34 Abs 1 Z 19 und Abs 2).

Durch diese Bestimmung soll einmal mehr das **Ultima-Ratio-Prinzip** betont werden, dass nämlich insbes unbedingte Freiheitsstrafen nur dann verhängt werden sollen, wenn mildere Maßnahmen nicht zum selben Ziel führen.

c) Generalprävention

Die Generalprävention umfasst die **Abschreckung** der Allgemeinheit, strafbare Handlungen zu begehen (negative Seite), **stärkt** die **Rechtstreue** jener Bürger, die sich wohl verhalten, und entfaltet überdies eine **sittenbildende Kraft**, dh sie beeinflusst die Wertvorstellungen der Gesellschaft (positive Seite).

Die **Abschreckungsfunktion** kann allerdings nicht auf die allgemeine These gestützt werden, je strenger eine zu erwartende Sanktion ist, desto weniger sei jemand bereit, die verbotene Handlung zu begehen. Dies zeigen nicht nur Untersuchungen über die Wirkung der Todesstrafe, sondern auch die aktuelle Abschreckungsforschung. Viele Straftaten werden eben ohne Rücksicht auf etwaige Folgen verübt.

Empirische Forschungsergebnisse führen zu dem Schluss, dass – zumindest bei leichter und mittelschwerer Kriminalität – auch dem Entdeckungsrisiko kaum Bedeutung zukommt. Vielmehr sind die moralische Verbindlichkeit der Norm, Häufigkeit der Deliktsbegehung im Bekanntenkreis, die vermutete Reaktion des sozialen Umfelds und das subjektive Strafempfinden ausschlaggebend dafür, ob jemand Straftaten unterlässt (*Heinz*, StPdG 1995, 146).

Generalpräventive Wirkung kann in vielen Fällen bereits durch jegliche Reaktion – zB durch das prompte Einschreiten der Sicherheitsbehörden – bewirkt werden, sodass sich eine Verurteilung aus generalpräventiven Gründen erübrigt (zB für das Fälschen eines Schülerausweises, JBl 1994, 423). Eine allgemeine Formel „höhere Strafdrohung – weniger Kriminalität“ gibt es nach neuesten Erkenntnissen nicht.

Die **positive Generalprävention** ist empirisch schwer zu beurteilen, da andere Faktoren, zB Erziehung und Religion, ebenfalls Einfluss haben und die Wirkungen des Strafrechts daher nicht isoliert gemessen werden können.

Bei Jugendstraftaten und Straftaten junger Erwachsener ist gem §§ 5 Z 1, 14 JGG die Generalprävention nur sehr eingeschränkt zu berücksichtigen.

d) Verfahren

Literatur: *Nimmervoll*, Das Ergänzungsurteil in Strafverfahren, RZ 2015, 204.

Das Gericht hat die **Tatsachen**, die für die Strafzumessung wesentlich sind, von Amts wegen **zu erforschen**, wobei auch hier der Zweifelsgrundsatz des § 14

StPO gilt (11 Os 35/18h). Zur **Begründung** der Strafzumessung genügt es, dass die Tatsachen für diese Entscheidung (insbes Milderungs- und Erschwerungsgründe) angeführt werden (§ 270 Abs 2 Z 5 StPO). Darüberhinausgehende Darlegungen des Wertungsaktes sind nicht erforderlich.

Wird jemand wegen Vorsatz- und Fahrlässigkeitstaten verurteilt, ist nach § 260 Abs 2 StPO auszusprechen, welcher Teil der (bedingten) Strafe auf die Vorsatztat entfällt. Dies ist zB für den Amtsverlust von Bedeutung (siehe oben II.F.b.).

Mit der **Strafberufung** kann das vom Erstgericht ausgeübte Ermessen bekämpft werden, wobei hier kein Neuerungsverbot besteht. Treten daher erst im Berufungsverfahren Milderungsgründe ein (zB Schadensgutmachung), sind diese zu berücksichtigen. Überschreitet das Erstgericht seine ihm gesetzlich vorgegebene Strafbefugnis, verstößt es gegen Strafbemessungsvorschriften in unvertretbarer Weise oder beurteilt es Tatsachen, die für die Strafbemessung maßgebend sind, offenbar unrichtig, so stellt dies eine **Nichtigkeit** nach § 281 Abs 1 Z 11 StPO dar.

Die Unterscheidung zwischen Versuch und Vollendung stellt eine solche maßgebende Strafzumessungstatsache dar (12 Os 68/16s).

Wird nur gegen die Strafe Berufung erhoben und erwachst der Schuldspruch somit in Rechtskraft, ist nach dem OGH auch im Rechtsmittelverfahren von der Rechtslage zum Zeitpunkt des Urteils 1. Instanz auszugehen, selbst wenn sich zwischenzeitig die Strafdrohung geändert haben sollte (11 Os 95/02; 12 Os 165/15d).

I. Nachträgliche Milderung der Strafe

Literatur: *Köpf*, Strafaufschub zum Abschluss einer Berufsausbildung und nachträgliche Strafmilderung, JSt 2021, 403.

1. Gem § 31a Abs 1 hat das Gericht die Strafe nach Rechtskraft des Urteils angemessen zu mildern (dh die Anzahl der Tagessätze bzw Dauer der Freiheitsstrafe zu reduzieren oder die Strafe bedingt nachzusehen), wenn nachträglich Umstände eintreten oder bekannt werden, die zu einer milderen Bemessung der Strafe geführt hätten.

Ein nachträgliches Geständnis oder die bloße Absicht, Schadensgutmachung zu leisten, genügt allerdings nicht (12 Os 182/71), wohl aber tatsächliche Wiedergutmachung. Ein (noch laufendes) Antiaggressionstraining und eine Alkoholentwöhnung seit über einem Jahr verbunden mit laufender Schadensgutmachung kann zu einer bedingten Strafnachsicht gem § 43 Abs 1 einer ursprünglich unbedingten Freiheitsstrafe führen (JSt-Slg 2017/23, 239). Auch wenn sich nachträglich herausstellt, dass der Sanktionsausspruch nach § 281 Abs 1 Z 11 StPO nichtig ist (zB weil eine frühere Verurteilung nicht nach §§ 31, 40 berücksichtigt wurde), kann die ausgesprochene Strafe nachträglich gemildert werden (14 Os 74/99). Würden die Umstände zur Anwendung eines anderen Strafsatzes führen, kommt nicht § 31a, sondern Wiederaufnahme des Strafverfahrens (§ 353 Z 2 StPO) in Betracht.

§ 31a kommt auch dann nicht zur Anwendung, wenn sich die Rechtslage geändert hat, zB der Straftatbestand zwischenzeitlich aufgehoben wurde (13 Os 3/03).

Nachträgliche Strafmilderung ist auch nach vollstreckter Strafe oder Eintritt der Vollstreckbarkeitsverjährung zulässig (13 Os 132/05v).

§ 266 Abs 2 StPO ist Rechtsgrundlage für die Aufhebung des Verbots des Hausarrests (§ 156b StPO), wenn sich nachträglich Umstände ergeben oder bekannt werden, unter denen ein solches Verbot nicht ausgesprochen worden wäre.

2. Bei nachträglicher, nicht bloß unerheblicher **Verschlechterung** der **persönlichen Verhältnisse** oder **wirtschaftlichen Leistungsfähigkeit** des Verurteilten hat das Gericht innerhalb der Grenzen des § 19 Abs 2 für die noch aushaftende Geldstrafe die Höhe des Tagessatzes neu zu bemessen. Dies gilt aber **nicht, wenn** der Verurteilte die Verschlechterung **vorsätzlich**, zB durch Unterlassen einer zumutbaren Erwerbstätigkeit, herbeigeführt hat (§ 31a Abs 2).

Uneinbringlich braucht die ursprüngliche Strafe nicht zu sein. Ein bereits bezahlter Teil der Geldstrafe bleibt von § 31a jedenfalls unberührt (keine Rückwirkung; ZVR 1978/90).

3. Verfahren: Über eine nachträgliche Milderung der Strafe hat das Gericht, das in 1. Instanz erkannt hat, auf Antrag oder von Amts wegen mit Beschluss zu entscheiden. Sofern der Antrag nicht offensichtlich aussichtslos ist, kann der Vollzug der Strafe vorläufig gehemmt bzw unterbrochen werden (§ 410 StPO).

J. Die bedingte Strafnachsicht

Literatur: *Birklbauer*, Die teilbedingte Strafnachsicht, Entstehung, Intention und erste Analyse der Praxis, StPdG 1997, 47; *Bertel*, Die Wiederkehr der kurzen Freiheitsstrafe, ÖJZ 1987, 75; *Germ/Ghanzanfari*, Bedingte Nachsicht von Nebenstrafen und Rechtsfolgen, ÖJZ 2024, 154; *Hofinger*, (Keine) Wiederverurteilung nach „Therapie statt Strafe", ÖJZ 2010, 451.

1. Dem **Ultima-Ratio-Prinzip** des Strafrechts folgend, ist nur jene Sanktion zu verhängen bzw zu vollziehen, die für die Strafzwecke (= Prävention) unbedingt erforderlich ist. Aus diesem Grund ist einerseits bereits beim Ausspruch der Strafe zu beurteilen, ob schon die Androhung der (nach Strafzumessungsgesichtspunkten ausgemessenen) Sanktion genügt bzw ob auf den Vollzug eines Teiles der Sanktion verzichtet werden kann (**bedingte Strafnachsicht**).

Aber auch während des Vollzugs ist zu überlegen, ob der bisher vollzogene Teil der Strafe den Strafzwecken genügt und auf eine Fortsetzung des Vollzugs verzichtet werden kann (**bedingte Entlassung**; dazu siehe unten). Die Strafnachsicht und die Entlassung sind in solchen Fällen **nur bedingt**, dh vom Wohlverhalten des Verurteilten innerhalb einer Probezeit abhängig.

Nach Ablauf der Probezeit ist die bedingte Nachsicht **für endgültig zu erklären**, sofern sie nicht vorher widerrufen wurde (§ 43 Abs 2).

Diesen Beschluss hat der Vorsitzende des erkennenden Gerichts zu fassen. Zuvor ist der Ankläger zu hören und eine Strafregisterauskunft einzuholen (§ 497 StPO).

2. Die **Voraussetzungen** für eine bedingte Strafnachsicht sind nach § 43 Abs 1, dass

- schon die Androhung des Vollzugs allein oder in Verbindung mit anderen Maßnahmen (zB Weisung, Bewährungshilfe) genügt, um **spezialpräventiv** zu wirken, und
- eine Bestrafung auch aus **generalpräventiven** Gründen nicht nötig ist.

Bei der Beurteilung dieser Voraussetzungen sind insbesondere zu berücksichtigen: die Art der Tat, der Grad des Verschuldens, die Person des Täters, sein Vorleben und das Verhalten nach der Tat.

Bei Ausspruch der bedingten Strafnachsicht ist auch eine **Probezeit festzulegen** (zu Dauer und Berechnung siehe unten II.L.).

Unterlässt es das Gericht bei Gewährung der Strafnachsicht, die Probezeit bzw deren Dauer festzusetzen, ist das Urteil nichtig nach § 281 Abs 1 Z 11 StPO (11 Os 85/89).

3. Je nach quantitativem Ausmaß der Strafnachsicht gibt es – unter den oben genannten Voraussetzungen des § 43 Abs 1 – **folgende Möglichkeiten**:

a) Bei einer Verurteilung zu einer **Freiheitsstrafe bis zu 2 Jahren** ist deren Vollzug **zur Gänze** bedingt nachzusehen (§ 43 Abs 1). Bei Verurteilung wegen § 201 (Vergewaltigung) ist dies aber nicht zulässig (§ 43 Abs 3).

b) Bei einer Verurteilung zu einer Geldstrafe ist deren Vollzug **höchstens zu drei Viertel** nachzusehen (**teilbedingte Geldstrafe;** § 43a Abs 1).

c) Bei einer Verurteilung zu einer Freiheitsstrafe von über **6 Monaten bis zu 2 Jahren** ist deren Vollzug **zum Teil bedingt** nachzusehen, wenn (§ 43a Abs 2)

- die Voraussetzungen des § 43 Abs 1 nicht für die ganze Freiheitsstrafe,
- aber doch auf einen Teil zutreffen und statt diesem eine **unbedingte Geldstrafe** (bis 720 Tagessätze) verhängt wird.

Im Gegensatz zu den anderen Fällen des § 43a ist hier nicht zunächst ein Gesamtstrafausmaß festzusetzen und sodann zu bestimmen, welcher Teil davon bedingt nachgesehen wird. Vielmehr sind iSd Strafenkombination des § 43a Abs 2 gleich eine (unbedingte) Geldstrafe und eine (bedingte) Freiheitsstrafe zu verhängen. Wird im Urteil nämlich das hypothetische Ausmaß der Freiheitsstrafe ausgesprochen, kommt damit ein scheinbar höherer Grad strafrechtlichen Tadels zum Ausdruck (14 Os 39/95). Nach dem OGH muss aber die Summe der Freiheitsstrafe und der für die Geldstrafe maßgeblichen Ersatzfreiheitsstrafe mehr als 6 Monate ergeben (14 Os 69/01).

d) Bei einer Verurteilung zu einer Freiheitsstrafe von über **6 Monaten bis zu 2 Jahren** ist deren Vollzug **zum Teil bedingt** nachzusehen, wenn (§ 43a Abs 3)

- § 43 Abs 1 und § 43a Abs 2 nicht anwendbar sind (insbes bei Wiederholungstätern),
- aber die Voraussetzungen auf einen Teil der Strafe zutreffen, wenn der andere **Teil unbedingt** verhängt wird, und
- diese unbedingte Freiheitsstrafe **mind einen Monat**, **max** aber **ein Drittel** der Strafe beträgt.

Im Fall einer **Zusatzstrafe** nach §§ 31, 40 (siehe VIII.C.) ist dieses Drittel von dieser und nicht von der Summe der Zusatzstrafe und des Vor-Urteils zu berechnen.

Beispiel: A wird zu einer bedingten Freiheitsstrafe von 3 Monaten verurteilt. Nach §§ 31, 40 wird später eine Zusatzstrafe von 12 Monaten ausgesprochen, wobei 7 Monate davon bedingt nachgesehen werden. Dieser Strafausspruch ist nichtig nach § 281 Abs 1 Z 11 StPO. *Es darf nämlich nicht max ein Drittel von 15 (3 +12) Monaten (das sind 5 Monate) unbedingt verhängt werden, sondern max ein Drittel von 12 Monaten (EvBl 1998/150).*

e) Bei einer Verurteilung zu einer Freiheitsstrafe von über **2 bis zu 3 Jahren** ist deren Vollzug **zum Teil bedingt** nachzusehen, wenn über die Voraussetzungen des § 43 Abs 1 hinaus (§ 43a Abs 4)

- eine **besonders gute spezialpräventive Prognose** („hohe Wahrscheinlichkeit“) vorliegt und
- der unbedingte Teil der Freiheitsstrafe **mind einen Monat**, **max** aber ein **Drittel** der Strafe beträgt.

  § 43 Abs 4 soll nach der Rsp auf extreme Ausnahmefälle beschränkt sein (11 Os 56/94).

f) Bei einer Verurteilung zu einer Freiheitsstrafe von **mehr als 2, aber nicht mehr als 5 Jahren** kommt eine (teil)bedingte Strafnachsicht nach den oben dargestellten Grundsätzen nur unter den Voraussetzungen der außerordentlichen Strafmilderung (siehe oben II.C.c.1.) in Betracht (§ 41 Abs 3).

g) Bei **Jugendstraftaten** und Straftaten **junger Erwachsener** kommt eine (teil) bedingter Strafnachsicht unabhängig von der Strafhöhe in Betracht (§ 5 Z 9 JGG).

4. Nebenstrafen (zB Konfiskation) und **Rechtsfolgen** der Verurteilung können unabhängig von den oben angeführten Hauptstrafen bedingt nachgesehen werden (§ 44 Abs 2).

Eine bedingte Strafnachsicht ist auch nach Rechtskraft des Urteils im Rahmen der **nachträglichen Strafmilderung** (§ 31a) möglich (siehe II.I.). Zur bedingten Strafnachsicht, wenn zum Urteilszeitpunkt die Voraussetzungen der bedingten Entlassung vorliegen, siehe § 265 StPO und unten II.K.

5. Nach § 40 SMG hat das Gericht **nach** (nicht notwendig rechtskräftiger) **Verurteilung eines Abhängigen** dessen Strafe bedingt nachzusehen, wenn dieser sich **mit Erfolg** einer gesundheitsbezogenen Maßnahme (insbes **Entzug**) unterzogen hat (einzige Voraussetzung für Nachsicht!). Zu diesem Zweck hat der Abhängige nach § 39 SMG die Möglichkeit, einen **Strafaufschub** von bis zu 2 Jahren zu beantragen (aber nur vor Beginn des Vollzugs, 12 Os 34/21y mit Anm *Stempkowski* JBl 2022, 261).

Diese bedingte Strafnachsicht richtet sich weder nach § 31a noch nach § 43; **generalpräventive Überlegungen** haben daher **außer Betracht** zu bleiben (15 Os 149/92).

K. Die bedingte Entlassung

Literatur: *Birklbauer/Hirtenlehner*, Strafeinstellungen und Haltung zur bedingten Entlassung, insbesonders bei Sexualkriminalität – Ergebnisse einer Richterbefragung, RZ 2003, 218; *dies*, Bewährung nach bedingter Entlassung aus dem Strafvollzug, ÖJZ 2005, 938; *Birklbauer/Hirtenlehner/Wegscheider*, Die Praxis der bedingten Entlassung aus einer Freiheitsstrafe bei Sexual- und Gewalttätern, ÖJZ 2003, 593; *Birklbauer*, Die Neuregelung der bedingten Entlassung, ÖJZ 2008, 710; *Fuchs*, Vollzug und Entlassung im Gesamtsystem strafrechtlicher Sanktionierung, JBl 2005, 153; *Nimmervoll*, Die bedingte Entlassung im Haupt- und Rechtsmittelverfahren (§§ 265 f StPO), JSt 2011, 48.

1. Empirische Untersuchungen haben (insbes bei Sexual- und Raubstraftätern) gezeigt, dass die Rückfallsquote bedingt Entlassener nicht sonderlich von jenen Verurteilten abweicht, die ihre Strafe vollständig verbüßt haben. Der Grundsatz der Ultima Ratio gebietet daher aus präventiver Sicht, Verurteilte nach Möglichkeit bedingt zu entlassen, weil eine vollständige Verbüßung der Freiheitsstrafe keine Wirkung entfaltet.

Eine bedingte Entlassung aus einer Freiheitsstrafe ist für eine Probezeit **frühestens** möglich nach:

- 3 Monaten Vollzug (§ 46 Abs 1);
- 1 Monat Vollzug, wenn die Tat vor dem 21. Lebensjahr (Jugendstraftat oder Tat eines jungen Erwachsenen) begangen wurde (§ 17 JGG);
- 15 Jahren Vollzug bei lebenslangen Freiheitsstrafen (§ 46 Abs 6).

Für die Dauer der Probezeit können Weisungen erteilt bzw Bewährungshilfe angeordnet werden (dazu unten II.L.). Zur **Probezeit** und deren Dauer siehe unten II.L.

Zu den vier Fällen der obligatorischen Bewährungshilfe im Falle einer bedingten Entlassung siehe § 50 Abs 2 (unten II.M.).

Zur Möglichkeit einer **Entlassungskonferenz** siehe § 17a JGG und § 144a StVG.

2. Bei zeitlichen Freiheitsstrafen ist ein Verurteilter bedingt zu entlassen (§ 46 Abs 1):

- nach der **Hälfte** der Strafzeit, jedenfalls aber nach 15 Jahren,
- sobald unter Berücksichtigung der Wirkung von Weisungen und Bewährungshilfe

- die Entlassung nicht weniger spezialpräventiv wirkt als die weitere Haft,
- außer es liegen in Hinblick auf die Schwere der Tat ausnahmsweise generalpräventive Gründe vor.

Bei jeder Entscheidung über die bedingte Entlassung ist auf den Umstand Bedacht zu nehmen, inwieweit sich durch den bisherigen Vollzug (insbes begonnene freiwillige Therapie oder medizinische Behandlung, die in Freiheit fortgesetzt werden soll) die Verhältnisse, unter denen die Tat begangen wurde, geändert haben oder durch Weisungen oder Bewährungshilfe sich ändern können (§ 46 Abs 4).

Verbüßt jemand **mehrere Strafen**, Strafteile oder Strafreste, so ist für die Berechnung der Hälfte gem § 46 Abs 5 ihre Gesamtdauer maßgebend, sofern diese unmittelbar nacheinander verbüßt oder durch Zeiten unterbrochen werden, in denen der Täter sonst auf behördliche Anordnung angehalten wird (zB U-Haft).

Beispiel: A wird zu 9 Monaten Haft verurteilt. Gleichzeitig wird eine früher bedingte Strafnachsicht im Ausmaß von 11 Monaten widerrufen. *A ist nach 10 Monaten unter den oben dargestellten Voraussetzungen bedingt zu entlassen.*

Im Fall einer **Zusatzstrafe** nach §§ 31, 40 (siehe unten VIII.C.) sind auch jene Strafen bei der Berechnung zu berücksichtigen, auf die bei der Zusatzstrafe Bedacht zu nehmen war, auch wenn sie nicht unmittelbar nacheinander verbüßt werden.

Wurde der Verurteilte aus einer dieser Strafen bedingt entlassen, so ist bei der Berechnung des Stichtages sowie der noch zu verbüßenden Strafzeit die tatsächlich in Haft zugebrachte Zeit abzuziehen. Eine frühere Strafe, zu der eine Zusatzstrafe verhängt wurde, hat jedoch außer Betracht zu bleiben, soweit der Verurteilte daraus vor Verbüßung der Hälfte der Strafzeit entlassen wurde.

Beispiel: A wird zu einer Strafe von 3 Jahren verurteilt und nach 20 Monaten (Var: 15 Monaten) bedingt entlassen. Er wird in der weiteren Folge zu einer Zusatzstrafe von einem Jahr verurteilt, die er am 1.2.2019 antritt (die bedingte Entlassung seiner ersten Strafe wird nicht widerrufen). *Rechnet man ab diesem Zeitpunkt die Hälfte der ersten Strafe (18 Monate) und die Hälfte der Zusatzstrafe (6 Monate) dazu, kommt man auf den fiktiven Hälftestichtag 1.2.2021. Zieht man davon die bereits verbüßte Zeit von 20 Monaten ab, so kommt man auf den tatsächlichen Hälftestichtag 1.6.2019. A ist daher nach 4 Monaten Haft aus der Zusatzstrafe bedingt zu entlassen. In der Var ist die vorher verbüßte Zeit nicht zu beachten, sodass er nach der Hälfte der Zusatzstrafe, also am 1.8.2019 bedingt zu entlassen ist.*

3. Bei lebenslangen Freiheitsstrafen ist ein Verurteilter bedingt zu entlassen (§ 46 Abs 6):

- nach frühestens 15 Jahren
- bei günstiger spezialpräventiver Prognose.

Nach Widerruf der bedingten Entlassung aus einer lebenslangen Freiheitsstrafe sind neuerlich 10 Jahre Haft zu verbüßen, bevor wieder eine bedingte Entlassung in Betracht kommt (§ 53 Abs 1).

4. Über die bedingte Entlassung entscheidet gem § 16 StVG das **Vollzugsgericht**, das ist das Landesgericht, in dessen Sprengel die Strafe vollzogen wird; übersteigt die Strafzeit 3 Jahre, entscheidet ein Senat aus einem Berufsrichter und 2 Laienrichtern (Vertreter aus dem Strafvollzug und der Bewährungshilfe). Entsprechende Verfahrensbestimmungen finden sich in §§ 152 f StVG.

Liegen die **Voraussetzungen** einer bedingten Entlassung nach § 46 aber bereits **zum Urteilszeitpunkt** vor (weil eine Vorhaft, im Ausland verbrachte Haft oder eine Haft, auf die nach §§ 31, 40 Bedacht zu nehmen ist, angerechnet wird), hat das erkennende Gericht dem Verurteilten den Strafrest mit Beschluss bedingt nachzusehen (§ 265 Abs 1 StPO).

Gleiches gilt, wenn die Voraussetzungen für eine bedingte Entlassung im Zeitpunkt einer Rechtsmittelentscheidung vorliegen. Der Entlassungsbeschluss kann auch bloß für den Fall gefasst werden, dass das Urteil rechtskräftig wird (weil das ja Voraussetzung ist; 11 Os 24/02).

Nach Ablauf der Probezeit ist die bedingte Entlassung **für endgültig zu erklären**, sofern sie nicht vorher widerrufen wurde (§ 48 Abs 3).

Diesen Beschluss hat das Vollzugsgericht (§ 16 StVG) zu fassen. Zuvor sind die Sicherheitsbehörde, in dessen Sprengel sich der Entlassene aufhält, und der Bewährungshelfer zu hören sowie eine Strafregisterauskunft einzuholen. Von der endgültigen Entlassung ist die Sicherheitsbehörde schließlich zu verständigen (§ 180 StVG).

L. Probezeit

1. Die Dauer der Probezeit beträgt im Normalfall **1 bis 3 Jahre** und ist vom Gericht bei Ausspruch der bedingten Nachsicht bzw Entlassung festzusetzen. Davon abweichende Probezeiten sind:

- **1 bis 5 Jahre**, wenn eine freiwillige Therapie oder Behandlung (§ 51 Abs 3) fortgesetzt werden muss, um eine bedingte Entlassung zu rechtfertigen.
- **5 Jahre**,
  - wenn der bedingte Strafrest mehr als 3 Jahre beträgt oder
  - bei Verurteilung zu mehr als ein Jahr Freiheitsstrafe wegen eines Sexualdelikts.

  Wird der Täter neben dem Sexualdelikt auch wegen einer anderen Tat zu mehr als einem Jahr Freiheitsstrafe verurteilt, so muss die Strafdrohung des Sexualdelikts ein Jahr Freiheitsstrafe übersteigen, um die verpflichtende 5-jährige Probezeit auszulösen (11 Os 154/17g).
- **1 bis 10 Jahre** bei Entlassung aus einer lebenslangen Freiheitsstrafe.

  Unterlässt es das Gericht bei Gewährung der Strafnachsicht, die Dauer der Probezeit festzusetzen, ist dies nichtig nach § 281 Abs 1 Z 11 StPO (11 Os 85/89). Eine kalendermäßige Festlegung des letzten Tages der Probezeit im Vorhinein ist aber nicht möglich.

Wird nach einer **teilbedingten Strafnachsicht** (§ 43a) ein Verurteilter aus dem unbedingten Strafteil bedingt entlassen, so **läuft** die **Probezeit** der bedingten Strafnachsicht erst **gemeinsam mit** einer **Probezeit der bedingten Entlassung ab**. Eine bereits abgelaufene Probezeit beginnt aber nicht wieder neu zu laufen.

Beispiel: A wird zu einer Freiheitsstrafe von 3 Jahren verurteilt, wobei davon 2 Jahre für eine Probezeit von einem Jahr (Beginn 1.2.2019) bedingt nachgesehen werden. Er wird nach 6 Monaten für eine Probezeit von einem Jahr (Beginn: 1.10.2019) bedingt entlassen. *Die Probezeit der bedingten Strafnachsicht würde ein Jahr bis zum 1.2.2020 laufen und durch die Haft um 6 Monate verlängert werden. Sie läuft aber nicht am 31.7.2020 ab, sondern am 30.9.2020 mit Ablauf der Probezeit der bedingten Entlassung.*

2. Berechnung: Die Probezeit **beginnt** mit Rechtskraft der Entscheidung (Verurteilung bzw Beschluss), mit der die bedingte Nachsicht oder Entlassung ausgesprochen wurde; das ist der erste dem Rechtskrafteintritt folgende Tag. Die Probezeit endet mit Ablauf des Tages, welcher dem dem ersten Tag des Fristenlaufs entsprechenden Monatstag vorangeht (9 Os 35/75). In die Probezeit sind behördliche Anhaltungen **nicht einzurechnen** (§ 49).

Beispiel: A wird am 12.3.2019 für eine Probezeit von 3 Jahren zu einer bedingten Freiheitsstrafe verurteilt, wobei das Urteil noch am selben Tag rechtskräftig wird. *Die Probezeit beginnt daher am 13.3.2019 um 0 Uhr und endet am 12.3.2021 um 24 Uhr. Wäre A innerhalb der Probezeit 14 Tage lang in U-Haft geraten, würde die Probezeit erst am 26.3.2021 um 24 Uhr enden.*

Ändert der OGH eine Strafe aufgrund einer Nichtigkeitsbeschwerde zur Wahrung des Gesetzes (§ 23 StPO) ab, bleibt die durch die Rechtskraft des Urteils in Kraft gesetzte Probezeit unberührt (13 Os 36/13p).

3. Eine **Verlängerung** der Probezeit ist möglich:

- bei Verzicht auf den Widerruf der bedingten Nachsicht oder Entlassung auf höchstens
  - **15 Jahre** bei bedingter Entlassung aus lebenslanger Freiheitsstrafe,
  - **5 Jahre** in allen anderen Fällen;

  Zugleich ist zu prüfen, ob allenfalls neue Weisungen bzw Bewährungshilfe anzuordnen sind (§ 53 Abs 3).
- vor Ablauf der Probezeit, wenn besondere spezialpräventive Gründe vorliegen, um **höchstens 3 Jahre** bei bedingter Entlassung
  - aus lebenslanger Freiheitsstrafe oder
  - nach Verurteilung wegen eines Sexualdelikts zu mehr als 5 Jahren Freiheitsstrafe;
  - bei gerichtlicher Aufsicht nach § 52b (s. II.N.), sofern der Täter zu einer Freiheitsstrafe von mind 18 Monaten verurteilt wurde. Davor ist allerdings eine Fallkonferenz nach § 52b Abs 3 durchzuführen (§ 53 Abs 5).

  Ob die Probezeit bereits zuvor verlängert worden war, ist nicht von Bedeutung. Solange besondere spezialpräventive Gründe vorliegen, kann daher die Probezeit immer wieder um höchstens 3 Jahre verlängert werden (§ 53 Abs 4), zuvor ist aber ein ärztlicher oder psychologischer Sachverständiger zu hören (§ 180 Abs 2 StVG).

4. Zur Möglichkeit der **vorzeitigen Beendigung** der Probezeit bei Jugendstraftaten und Straftaten junger Erwachsener siehe §§ 18, 19 Abs 2 JGG.

M. Weisungen und Bewährungshilfe

Weisungen und die Anordnung der Bewährungshilfe kommen in Betracht bei (§ 50 Abs 1):

- bedingter Nachsicht (§§ 43 bis 45),
- bedingter Entlassung (§§ 46, 47),
- Schuldspruch unter Vorbehalt der Strafe (§ 13 JGG),
- Aufschub des Strafvollzugs von mehr als 3 Monaten in den Fällen des § 6 Abs 1 Z 2 lit a StVG oder § 52 JGG, sofern die Straftat vor dem 21. Lebensjahr begangen wurde.

  Bei kürzerem Aufschub oder bei Aufschub aus den oben zuletzt angeführten Gründen bei Straftaten, die nach dem 21. Lebensjahr begangen wurden, können nur Weisungen erteilt, nicht aber Bewährungshilfe angeordnet werden (§ 6 Abs 3 StVG).

  Im Rahmen der Diversion können keine Weisungen ieS erteilt werden. Der Verdächtige hat sich aber uU bereit zu erklären, Pflichten zu erfüllen, die als Weisungen erteilt werden könnten, und sich durch einen Bewährungshelfer betreuen zu lassen. Diese Maßnahmen können dem Verdächtigen aber nicht gegen seinen Willen auferlegt werden (siehe oben I.D.c.).

  Weisungen und Bewährungshilfe kommen auch bei der bedingten Nachsicht und Entlassung aus vorbeugenden Maßnahmen bzw (als Bedingungen) beim vorläufigen Absehen vom Vollzug solcher in Betracht (siehe V.).

Ob eine Weisung zu erteilen oder Bewährungshilfe anzuordnen ist, hängt ausschließlich von **spezialpräventiven Erwägungen ab**, dh sie müssen notwendig oder zweckmäßig sein, um den Rechtsbrecher von weiteren Straftaten abzuhalten.

Obligatorische Bewährungshilfe besteht bei bedingter Entlassung (§ 50 Abs 2):

- vor Verbüßung von zwei Dritteln der Freiheitsstrafe,
- bei einer Straftat, die vor dem 21. Lebensjahr begangen wurde (Jugendstraftat oder Tat eines jungen Erwachsenen),
- bei Verurteilung wegen eines Sexualdelikts,
- aus mehr als 5-jähriger Freiheitsstrafe (mind ein Jahr lang) und
- aus lebenslanger Freiheitsstrafe (mind 3 Jahre lang).

  In den beiden ersten oben genannten Fällen kann Bewährungshilfe entfallen, wenn nach der Art der Tat, der Person des Täters und seinem Vorleben keine spezialpräventiven Gründe anzunehmen sind.

Außer nach Entlassung aus lebenslanger Haft ist nach einem Jahr zu entscheiden, ob die Bewährungshilfe aufrecht bleibt.

Zuvor sind ein Bericht des Bewährungshelfers und eine Stellungnahme des Leiters der zuständigen Geschäftsstelle für Bewährungshilfe einzuholen (§ 52 Abs 3).

Weisungen und Bewährungshilfe sind **mit Beschluss** (und nicht im Urteil) auszusprechen (§ 494 StPO). Sie gelten für den vom Gericht bestimmten Zeitraum, höchstens jedoch bis zum Ende der Probezeit (§ 50 Abs 3). Soweit dies geboten erscheint, können diese Maßnahmen innerhalb der Probezeit auch nachträglich angeordnet oder abgeändert werden.

Wurde die Weisung bzw Bewährungshilfe für die gesamte Dauer der Probezeit bestimmt, so bleibt sie auch bei Verlängerung der Probezeit weiter aufrecht, ohne dass dies ausdrücklich angeordnet werden muss (15 Os 126/16t).

a) Weisungen

Literatur: *Obendorf*, Weisungen – ein Instrument des Richters zur Sicherung des Strafzwecks, RZ 1977 (SonderNr), 41.

Weisungen sind gem § 51 klare und bestimmte Gebote und Verbote, welche die **Lebensführung** betreffen, zB sich an einem bestimmten Ort aufzuhalten, Alkoholverbot, Verbot des Umgangs mit bestimmten Personen, das Gebot, eine bestimmte Ausbildung zu absolvieren, sich in regelmäßigen Abständen zu melden usw.

Nicht hinreichend konkretisiert ist die Weisung, den Schaden „nach Kräften innerhalb der Probezeit" gutzumachen. Da „nach Kräften" nicht notwendig den gesamten Schaden umfasst, ist er in diesem Fall ziffernmäßig festzulegen. Überdies muss jedem klar sein, an wen der (konkrete) Betrag zu bezahlen ist. Schließlich wäre die Frist „innerhalb der Probezeit" sinnlos, da erst nach Ablauf der Probezeit feststeht, ob die Weisung befolgt wurde. Damit ist sie aber sinnlos, da ihre Nichtbeachtung nie zu einem Widerruf führen kann (13 Os 142/10x). Bei einer Weisung, sich einer Psychotherapie zu unterziehen, ist auch die konkrete Zielrichtung der Behandlung vorzugeben (12 Os 108/23h).

Nicht zulässig sind aber **unzumutbare** Eingriffe in die Privatsphäre. Überdies ist der Verhältnismäßigkeitsgrundsatz zu beachten.

Unzumutbar ist die Weisung, eine bestimmte Person oder zu einer bestimmten Zeit zu heiraten oder nicht zu heiraten, in einen bestimmten Verein ein- oder aus dem Verein auszutreten, einen kostspieligen Umzug auf sich zu nehmen, oder ein Berufs- oder Fahrverbot. Ebenfalls unzulässig ist das Verbot, innerhalb der Probezeit österreichisches Staatsgebiet zu betreten, weil dies einer Landesverweisung gleichkäme (15 Os 101/90).

Arbeitsweisungen sind nicht schlechthin unzulässig. Erlaubt ist die Weisung, gemeinnützige Hilfsdienste (zB im Krankenhaus) zu leisten, sofern diese nicht erniedrigend oder ekelerregend sind (ausführlich dazu 13 Os 130/92). Als Weisung kommt das Gebot, zukünftig keine strafbare Handlung zu setzen, nicht infrage, da der Täter dazu ja bereits unmittelbar durch das Gesetz verpflichtet ist (11 Os 149/75).

Daher ist es unzulässig, den laufenden Nachweis der Drogenfreiheit (13 Os 134/93) oder die Bezahlung künftiger Unterhaltsbeiträge (10 Os 43/69) aufzutragen.

Der **Zweck** einer Weisung ist die Verhinderung eines Rückfalls, also ein **spezialpräventiver**. Allein die Weisung, den Schaden (der zu konkretisieren ist) gutzumachen, kann auch aus generalpräventiven Gründen erteilt werden (§ 51 Abs 2). Kann von vornherein mit hoher Wahrscheinlichkeit angenommen werden, dass der Täter eine bestimmte Weisung nicht erfüllen können wird, darf sie nicht erteilt werden (ÖA 1996, 195; 10 Os 17/75).

Wird eine Weisung erteilt, welche die Interessen des Verletzten unmittelbar berührt, ist dieser hiervon zu verständigen (§ 494 Abs 2 StPO).

Nur mit Zustimmung des Verurteilten können eine Entwöhnung oder medizinische (psychotherapeutische) Behandlungen angeordnet werden. Keinesfalls kann aber jemand angewiesen werden, sich einer Operation zu unterziehen (§ 51 Abs 3).

Während der Dauer des Präsenz- oder Zivildienstes sind Weisungen, soweit ihre Durchführung oder Einhaltung mit dem Dienst unvereinbar ist, außer Wirksamkeit gesetzt (§ 5 MilStG, § 71 ZDG).

Das Gericht ist an erteilte Weisungen nicht gebunden, es hat sie während der Probezeit **zu ändern oder aufzuheben**, wenn dies aus spezialpräventiven Überlegungen notwendig oder zweckmäßig ist (§ 51 Abs 4).

b) Kosten von Weisungen

Sind Weisungen mit Kosten verbunden, so hat diese der Täter grundsätzlich selbst zu tragen. Die Kosten für **Entwöhnungsbehandlungen** sowie **medizinische oder psychotherapeutische Behandlungen** (§ 51 Abs 3) **übernimmt der Bund** allerdings bis zu jener Höhe, welche die BVA ihren Versicherten ersetzen würde, sofern

- für die Kosten nicht eine gesetzliche Sozialversicherung aufkommt und
- das Fortkommen des Täters bei Zahlung der Kosten erschwert wäre.
  Letzteres ist im Jugendstrafverfahren und Strafverfahren junger Erwachsener aber nicht zu prüfen. Im Suchtmittelstrafrecht werden überdies unter diesen Voraussetzungen auch gesundheitsbezogene Maßnahmen nach § 11 Abs 2 Z 1 bis 4 SMG (ärztliche Überwachung und [Entzugs-]Behandlung, klinisch-psychologische Beratung und Betreuung, Psychotherapie) mitfinanziert.

Dies gilt:

- im **Suchtmittelstrafrecht** (§ 41 SMG) bei diversionellem Vorgehen (§§ 35 bis 37 SMG), als gelinderes Mittel anstelle Untersuchungshaft (§ 172 Abs 5 Z 9 StPO) und bei bedingter Strafnachsicht;
- im **Jugendstrafverfahren** und **Strafverfahren junger Erwachsener** (§§ 46 JGG, 46a Abs 2 JGG) bei diversionellem Vorgehen (§ 203 Abs 2 StPO) und bedingter Strafnachsicht;
- im **allgemeinen Strafverfahren** bei bedingter Nachsicht einer vorbeugenden Maßnahme (§ 51 Abs 5) und bei bedingter Entlassung (§ 179a StVG);

zusätzlich ist hier auch das Wohnen in einer sozialtherapeutischen Wohneinrichtung (§ 51 Abs 2) erfasst.

Zuständig zur Entscheidung über die Kostentragung ist jenes Gericht, das die betreffende Weisung erteilt.

c) Bewährungshilfe

Literatur: *Einem/Mann,* Bewährungshilfe – Strafvollzug in Freiheit, RZ 1977 (SonderNr), 60.

Bewährungshilfe wird **haupt- oder ehrenamtlich** geleistet. Es sind entweder Dienststellen des BMJ einzurichten oder aber private Vereinigungen mittels Vertrag zu beauftragen (§ 24 BewHG). In der Praxis wurde der letztere Weg beschritten; Bewährungshilfe wird daher vom **Verein NEUSTART**, der in Geschäftsstellen gegliedert ist, geleistet.

Ehrenamtlicher Bewährungshelfer kann nur werden, wer das 24. Lebensjahr (ausnahmsweise 21. Lebensjahr) vollendet hat und fähig ist, das Amt eines Schöffen oder Geschworenen auszuüben; ausnahmsweise dürfen auch Ausländer Bewährungshelfer werden, wenn dies aus besonderen Gründen zur Erfüllung von Betreuungsaufgaben geboten erscheint (§ 12 Abs 2 BewHG).

Um die Zweckmäßigkeit der Anordnung von Bewährungshilfe besser abschätzen zu können, hat das Gericht die Möglichkeit, in Zweifelsfällen dazu eine unverbindliche **Äußerung des Leiters** der zuständigen Geschäftsstelle für Bewährungshilfe einzuholen (§ 15 BewHG). Ordnet das Gericht die Bewährungshilfe an, so **hat** der **Leiter** der Geschäftsstelle für Bewährungshilfe einen **Bewährungshelfer zu bestellen** und diesen dem Gericht bekanntzugeben (§ 52 Abs 1).

Hauptamtliche Bewährungshelfer sollten nicht mehr als 35, ehrenamtliche idR nicht mehr als 5 Personen betreuen (§ 17 Abs 3 BewHG). Bei Verhinderung des Bewährungshelfers oder Wechsel des Wohnsitzes oder gewöhnlichen Aufenthaltes des Schützlings ist ein neuer Bewährungshelfer zu bestimmen (§ 22 BewHG).

Der Bewährungshelfer hat sich gem § 52 mit Rat und Tat darum zu bemühen, dem Rechtsbrecher zu einer **Lebensführung und Einstellung zu verhelfen, die** einen **Rückfall verhindern**. Insbesondere soll er Hilfestellung bei der Abdeckung der wesentlichen Lebensbedürfnisse leisten (va Arbeitsplatz- und Wohnungssuche). Im Falle der gerichtlichen Aufsicht hat er das Gericht bei der **Überwachung des Verhaltens** des Rechtsbrechers zu unterstützen, insbesondere, ob dieser die ihm erteilten Weisungen befolgt und ein allfälliges Tätigkeitsverbot beachtet (§ 52a).

Der Bewährungshelfer hat wesentliche Vorkommnisse in einem Tagebuch festzuhalten (§ 20 Abs 4 BewHG) und **dem Gericht** über seine Tätigkeit und Wahrnehmungen **zu berichten** (§ 52 Abs 2):

- 6 Monate nach Anordnung der Bewährungshilfe,
- wenn das Gericht es verlangt,

- wenn es erforderlich oder zweckmäßig ist, um den Zweck der Bewährungshilfe (Reintegration, Verhinderung von Rückfall) zu erreichen,
- bei gerichtlicher Aufsicht in der ersten Hälfte mind alle 3, später mind alle 6 Monate,
- wenn Anlass besteht, die Bewährungshilfe aufzuheben,
- bei Beendigung der Bewährungshilfe.

Der Bewährungshelfer gilt in Ausübung seiner Aufgaben als Beamter iSd § 74 Abs 1 Z 4 (§ 19 Abs 5 BewHG). Er hat seine Aufgaben mit tunlichster Schonung der Ehre des Schützlings zu erfüllen, ihn trifft eine strafrechtlich (§ 301) abgesicherte **Verschwiegenheitspflicht** (§ 20 BewHG).

Beachte in diesem Zusammenhang auch das Aussageverweigerungsrecht des Bewährungshelfers nach § 157 Abs 1 Z 3 StPO, das bei sonstiger Nichtigkeit nicht umgangen werden darf.

Vom Termin einer Haft- oder Hauptverhandlung ist er **zu verständigen** (§§ 176 Abs 2, 221 Abs 1 StPO). Er hat das Recht, bei Jugendstrafsachen und Strafsachen junger Erwachsener an den Hauptverhandlungen, kontradiktorischen Vernehmungen, Befundaufnahmen und Tatrekonstruktionen **teilzunehmen und angehört** zu werden (§ 40 JGG). Vor der Entscheidung über den Widerruf einer bedingten Nachsicht oder Entlassung, der Verlängerung der Probezeit oder eines nachträglichen Strafausspruches nach § 15 JGG ist er zu hören (§§ 494a, 495 StPO, §§ 152a, 180 StVG).

Nach § 179 StPO besteht auch die Möglichkeit der **vorläufigen Bewährungshilfe** bis zur rechtskräftigen Beendigung des Strafverfahrens. Sie ist allerdings von der Zustimmung des Beschuldigten abhängig.

N. Gerichtliche Aufsicht

Die gerichtliche Aufsicht ist bei bedingter Entlassung (aus Strafhaft oder Unterbringung) während der Probezeit ebenso wie Weisungen oder Bewährungshilfe ausschließlich aus **spezialpräventiven Erwägungen anzuordnen**, dh sie muss notwendig oder zweckmäßig sein, um den Täter von weiteren Straftaten wie den verurteilten abzuhalten. Während einer gerichtlichen Aufsicht wird das Verhalten des Rechtsbrechers überwacht, insbesondere ob er bestimmte ihm erteilten Weisungen oder ein Tätigkeitsverbot ordnungsgemäß einhält. Dies geschieht in erster Linie durch die Bewährungshilfe, die besondere Berichtspflichten trifft (siehe oben M.c.). In geeigneten Fällen kann das Gericht auch (zusätzlich) die Sicherheitsbehörden oder andere geeignete Einrichtungen damit betrauen. Dem Gericht sind die gesetzten Maßnahmen und allfällige Wahrnehmungen zu berichten.

Organe des öffentlichen Sicherheitsdienstes sind gem § 52a Abs 3 ermächtigt, die Identität einer Person nach den Vorschriften des SPG festzustellen, wenn aufgrund bestimmter Tatsachen anzunehmen ist, diese stehe unter gerichtlicher Aufsicht und habe die ihr erteilte Weisung nicht befolgt oder sonst ein Verhalten gesetzt, das mit dem Zweck der gerichtlichen Aufsicht nicht vereinbar ist.

Die gerichtliche Aufsicht kommt in folgenden Fällen in Betracht:

a) Bei **Sexualstraftätern** und sexuell motivierten Gewälttätern (§ 52a)
- Begehung einer Sexualstraftat (10. Abschnitt des BT, §§ 201 bis 220b) oder
- einer zur sexuellen Erregung oder Befriedigung begangenen Tat gegen Leib und Leben oder Freiheit (1. und 3. Abschnitt des BT, §§ 75 bis 95 und §§ 99 bis 110).

b) Bei **staatsfeindlichen und terroristischen Taten** und Kriegsverbrechen (§ 52b)
- Begehung einer Handlung nach dem Verbotsgesetz oder §§ 246 bis 247b (staatsfeindliche Verbindung und Bewegung, religiös motivierter extremistischer Verbindung)
- bei terroristischen Taten nach §§ 278b bis 278g und 282a oder
- bei einer Handlung nach dem 25. Abschnitt des StGB (Völkermord, Verbrechen gegen die Menschlichkeit, Kriegsverbrechen).

In den letzten Fällen **(§ 52b)** bestehen folgende **Sonderregelungen**:
- Wurde der Täter zu einer Freiheitsstrafe von mind 18 Monaten verurteilt, kann eine Weisung zum örtlichen Aufenthalt (Ge- oder Verbot) mit Zustimmung des Täters mittels **elektronischer Überwachung** (s. II.C.f.) auf Kosten des Bundes kontrolliert werden; ausgenommen ist dabei der Aufenthalt in der eigenen Wohnung. Dies muss – dem Verhältnismäßigkeitsgebot entsprechend – unbedingt nötig sein, um ein weisungsgemäßes Verhalten sicherzustellen (§ 52b Abs 4); dies ist (unter Beiziehung der mit der Deradikalisierung befassten Personen) zumindest jährlich neu zu bewerten und gegebenenfalls vorzeitig zu beenden (§ 52b Abs 5). Die dabei erhobenen Daten stehen unter besonderem Datenschutz und besonderer Kontrolle (§ 52b Abs 6 und 7).
- Das Gericht hat eine **Fallkonferenz** einzuberufen, um das Verhalten des Täters während gerichtlicher Aufsicht zu beurteilen und die getroffenen Maßnahmen entsprechend anzupassen. Einrichtungen, die in die gerichtliche Aufsicht eingebunden sind (zB Bewährungshilfe, Extremismusprävention, Deradikalisierung), sind daran zu beteiligen. Eine solche Konferenz ist jedenfalls vor Ablauf der ersten Hälfte und drei Monate vor Ablauf der gerichtlichen Aufsicht durchzuführen, kann aber auch zu einem früheren Zeitpunkt oder wiederholt von Amts wegen oder auf Anregung der zur Mitwirkung berechtigten Stellen angeordnet werden. Die Teilnehmer sind ermächtigt, einander personenbezogene Daten zu übermitteln, soweit dies für diesen Zweck erforderlich ist. Sie sind zur vertraulichen Behandlung der Daten verpflichtet (§ 52b Abs 3).
- Eine **Verlängerung der Probezeit** gem § 53 Abs 4 ist – nach Durchführung einer Fallkonferenz – möglich, wenn der Täter zu einer Freiheitsstrafe von mind 18 Monaten verurteilt wurde.

– Die Weisung der elektronischen Überwachung ist mit max 10 Jahren begrenzt (§ 53 Abs 5).

O. Widerruf der bedingten Strafnachsicht oder Entlassung

Literatur: *Nimmervoll*, Widerrufsentscheidungen (§ 55 StGB) nach Bedachtsnahme (§§ 31, 40 StGB), JSt 2015, 432.

a) Voraussetzungen

Die bedingte Strafnachsicht oder Entlassung ist zu widerrufen, wenn der Vollzug der Strafe **spezialpräventiv nötig** ist **und** einer der folgenden Gründe vorliegt (§ 53 Abs 1 und 2):

- mutwilliges **Nichtbefolgen von Weisungen** trotz förmlicher Mahnung,
  Wird eine Weisung nach förmlicher Mahnung inhaltlich geändert, so bedarf es neuerlich einer entsprechenden Mahnung, außer das Ge- oder Verbot wird nicht wesentlich verändert, zB nur das Intervall für Kontrollen angepasst (15 Os 129/14f).
- beharrliches **Entziehen aus dem Einfluss des Bewährungshelfers,**
- **Rückfall:** Verurteilung wegen einer Straftat, die zwischen der (noch nicht rechtskräftigen) Gewährung der bedingten Nachsicht bzw Entlassung und dem Ende der Probezeit begangen wurde.
  Die Tat kann daher auch vor dem formellen Beginn der Probezeit (verfehlt daher 12 Os 14/93) oder innerhalb von Zeiten, die in die Probezeit nicht einzurechnen sind (siehe oben II.L.), begangen worden sein; sie muss nicht auf der gleichen schädlichen Neigung (§ 71) beruhen. Die Verurteilung wegen dieser Tat muss auch nicht innerhalb des oben bezeichneten Zeitraumes erfolgen. Voraussetzung für einen Widerruf ist eine strafbare Handlung (Schuldspruch), eine bloß mit Strafe bedrohte Handlung (vorbeugende Maßnahme nach § 21 Abs 1) genügt nicht (14 Os 34/19k).

Bei der Beurteilung, ob ein Widerruf **spezialpräventiv nötig** ist, ist das für die neue Tat verhängte Strafausmaß zu berücksichtigen. Wenn dieses bereits genügend spezialpräventiv wirkt, ist vom Widerruf und dem Vollzug der früheren Strafe abzusehen. Bei der Bemessung der Strafe für die neue Tat ist hingegen ein allfälliger Widerruf der bedingten Nachsicht der früheren Strafe nicht zu berücksichtigen; die Strafzumessung hinsichtlich der neuen Tat ist somit unabhängig von einem allfälligen Widerruf festzusetzen (11 Os 154/94).

Eine bedingte Strafnachsicht ist aber auch bei **nachträglicher Verurteilung nach §§ 31, 40** (siehe VIII.C.) zu widerrufen, wenn eine solche Nachsicht bei gemeinsamer Aburteilung nicht erfolgt wäre (§ 55 Abs 1). Wird nicht widerrufen, sondern ebenfalls bloß eine bedingte Verurteilung ausgesprochen, endet jede der zusammentreffenden Probezeiten erst mit Ablauf der letzten, max aber nach 5 Jahren (§ 55 Abs 3).

Beispiel: A wird am 12.3.2019 wegen einer Tat vom 1.9.2018 zu einer bedingten Freiheitsstrafe von 6 Monaten verurteilt (Probezeit 3 Jahre). Am 23.8.2021 wird er wegen einer Tat vom 16.1.2019 neuerlich verurteilt; in diesem Fall ist eine Zusatzstrafe nach § 31 zu fällen. Dabei kommt das Gericht zum Schluss, dass die bedingte Strafnachsicht auch bei gemeinsamer Aburteilung beider Straftaten gewährt worden wäre, und verhängt auch die Zusatzstrafe von 1 Monat bedingt (Probezeit 3 Jahre).

Wenn beide Urteile mit Verkündung rechtskräftig werden, liefe die erste Probezeit am 12.3.2022 ab. Nach § 55 Abs 3 endet die erste Probezeit aber grundsätzlich erst mit Ablauf der zweiten, das wäre am 23.8.2024. Da aber die max Probezeit 5 Jahre beträgt, endet die erste Probezeit am 12.3.2024.

b) Umfang

Der Widerruf umfasst grundsätzlich die **gesamte** noch offene Strafe.

Im Fall des **§ 40 SMG** (nachträgliche Strafnachsicht bei Abhängigen, die sich mit Erfolg einer Therapie unterzogen haben) besteht die Möglichkeit, **bloß einen Teil** der bedingten Strafnachsicht zu widerrufen, wenn die Therapie den Abhängigen in seiner selbst bestimmten Lebensführung erheblich beeinträchtigt hat; in diesem Fall ist gleichzeitig auszusprechen, dass der nicht widerrufene Strafteil endgültig nachgesehen wird.

Die **teilbedingte Strafnachsicht** (§ 43a) kann unabhängig von einer bedingten Entlassung aus dem nicht bedingt nachgesehenen Strafteil widerrufen werden. Ob die bedingte Entlassung zu widerrufen ist, ist gesondert (vom Vollzugsgericht) zu beurteilen.

Beispiel: A wird zu einer Freiheitsstrafe von 16 Monaten verurteilt, davon werden ihm 12 Monate bedingt nachgesehen. Er wird aus dem unbedingten Strafteil bedingt entlassen, wobei Bewährungshilfe angeordnet und Weisungen erteilt werden. A entzieht sich trotz förmlicher Mahnung dem Einfluss des Bewährungshelfers. *Der Widerrufsgrund betrifft den Teil der bedingten Entlassung, nicht jenen der bedingten Strafnachsicht. Das Vollzugsgericht entscheidet nur über den Widerruf der bedingten Entlassung.*

c) Zeitpunkt

Ein **Widerruf** ist grundsätzlich nur **innerhalb** der **Probezeit** möglich. Aus dem Grund des (oben ausgeführten) Rückfalls kann er aber auch noch innerhalb von **6 Monaten nach Ablauf der Probezeit oder eines Strafverfahrens**, das bei Ablauf anhängig war, erfolgen (§ 56).

Eine Nichtbefolgung von Weisungen oder das beharrliche Entziehen aus dem Einfluss des Bewährungshelfers kommt als Widerrufsgrund nach Ablauf der Probezeit somit nicht in Betracht. Um innerhalb der Probezeit zu widerrufen, genügt ein erstgerichtlicher Ausspruch, der von der Instanz erst nach Ablauf der Probezeit bestätigt wird. Wurde der Widerrufsantrag hingegen abgewiesen, kann das Beschwerdegericht den Widerruf nur aussprechen, wenn die Widerrufsfrist noch nicht abgelaufen ist (11 Os 53/87).

Zur **Möglichkeit**, die **Probezeit** zu verlängern, wenn auf den Widerruf verzichtet wird, oder bei Entlassung aus einer lebenslangen Freiheitsstrafe siehe § 53 Abs 3 und 4 (oben II.L.).

Eine Verlängerung der Probezeit auf 5 Jahre durch Ausspruch des Gerichtes ist im Fall der §§ 31, 40 nicht zulässig, weil § 53 Abs 3 dort nicht anwendbar ist.

d) Verfahrensrechtliche Bestimmungen

Verfahrensrechtliche Bestimmungen für die (von Amts wegen zu treffende) Entscheidung über den Widerruf enthält **§ 494a StPO** (lesen!). Grundsätzlich ist jenes Gericht, das über die neue Tat urteilt, zuständig. Soll aber eine Strafe widerrufen werden, die nach ihrer Höhe die Kompetenz des erkennenden Gerichtes übersteigt, ist die Entscheidung dem höherrangigen Gericht vorzubehalten (§ 494a Abs 2 StPO); dies gilt aber nicht für das Absehen vom Widerruf. Vor der Entscheidung sind grundsätzlich der Ankläger, der Angeklagte und sein Bewährungshelfer zu hören sowie Einsicht in die Vorakten zu nehmen.

Kann der Verurteilte im Falle eines **Abwesenheitsurteils** nicht gehört werden, darf durch das nunmehr erkennende Gericht kein Widerruf erfolgen. Vielmehr ist analog § 494a Abs 2 StPO auszusprechen, dass die Entscheidung über den Widerruf jenem Gericht vorbehalten bleibt, dem sonst die Entscheidung hierüber zukäme (11 Os 95/98).

Von der Entscheidung über den Widerruf sind alle Vorgerichte zu verständigen. Jenes Gericht, das den Widerruf ausspricht, hat gem § 397 StPO auch die Einleitung des Strafvollzugs zu veranlassen (13 Os 88/94).

Wird jemand wegen mehrerer in der Probezeit begangener Straftaten getrennt verurteilt, so ist jedes Mal auch über einen allfälligen Widerruf zu entscheiden, selbst wenn zuvor schon eine Widerrufsentscheidung gefallen ist, es sei denn, diese ist bereits rechtskräftig. In solch einer Konstellation sich die Entscheidung vorzubehalten ist unzulässig (13 Os 122/06z).

Der Widerruf einer gnadenweise bedingten Strafnachsicht wegen einer vor dem Gnadenakt (siehe dazu unten VI.C.) begangenen Straftat obliegt dem Bundespräsidenten (11 Os 165/77).

Ein Verurteilter kann auch **festgenommen** werden, wenn der dringende Verdacht besteht, dass er einen Widerrufsgrund gesetzt hat, und Fluchtgefahr (bei bedingter Entlassung auch Tatbegehungsgefahr) gegeben ist (§ 496 StPO, § 180 Abs 3 StVG).

III. Die Verbandsgeldbuße

Literatur: *Bertel*, Die strafrechtliche Haftung juristischer Personen, in Entwicklungslinien im Straf- und Strafprozessrecht, Schriftenreihe des BMJ 82, 215; *Boller*, Die strafrechtliche Verantwortlichkeit von Verbänden nach den VbVG (2007); *Löschnig-Gspandl*, Die strafrechtliche Verantwortlichkeit von Unternehmen und Verbänden in Österreich (2003); *Moos*, Die Strafbarkeit juristischer Personen und der Schuldgrundsatz, RZ 2004, 98; *Öner*, Die Zurechnung des Verhaltens einer natürlichen Person zu einem Verband aus kriminalstrafrechtlicher Perspektive, ZWF 2020, 194; *Zirm/Limberg*, Zur Tagessatz-Bemessung in VbVG, ÖJZ 2009, 708.

Die strafrechtliche Verantwortlichkeit von Verbänden ist in Österreich im Verbandsverantwortlichkeitsgesetz (BGBl I 2005/151) geregelt. Dieses Gesetz trat mit 1.1.2006 in Kraft und beinhaltet Besonderheiten und Abweichungen vom Individualstrafrecht. Nach § 12 Abs 1 und § 14 Abs 1 VbVG sind die allgemeinen Straf- und Verfahrensgesetze so weit anzuwenden, als sie nicht ihrer Natur nach ausschließlich auf natürliche Personen anzuwenden sind. Im Folgenden werden im Wesentlichen daher die Abweichungen vom Individualstrafrecht dargestellt.

Neben der Möglichkeit der Diversion sieht das Gesetz als einzige Rechtsfolge von Straftaten der Verbände die **Verbandsgeldbuße** vor. Sie ist nach dem **Tagessatzsystem** zu bemessen. Da sie ein Übel darstellt, das mit einem **sozialethischen Tadel** verbunden ist, stellt diese Maßnahme eine Strafe dar. Sie wirkt sowohl spezial- als auch generalpräventiv.

A. Strafe ohne Schuld

Die Bestrafung von Verbänden unterliegt nicht dem Schuldgrundsatz. Die Verbandsgeldbuße setzt keine Schuld voraus, da dies ja bei Verbänden begrifflich nicht in Betracht kommt. Damit wird ein tragender Grundsatz des kontinentaleuropäischen Strafrechts aufgeweicht und zugunsten von Präventionsbedürfnissen aufgegeben. Das Gesetz verlangt anstelle der Schuld die Verbandsverantwortlichkeit. Diese wird nicht durch die persönliche Vorwerfbarkeit eines Verhaltens geprägt, sondern durch die Begehung einer rechtswidrigen und schuldhaften Tat durch einen Entscheidungsträger oder die objektiv fehlende Kontrolle durch den Verband und die rechtswidrige Verwirklichung eines Tatbestands durch Mitarbeiter (Näheres siehe AT I).

In bestimmten Fällen wird daher selbst darauf verzichtet, schuldhaftes Verhalten natürlicher Personen (insbes eines Entscheidungsträgers) einem Verband **zuzurechnen** (da ein Verband selbst ja keine Handlung setzen und ihn auch kein persönlicher Vorwurf treffen kann). Für eine Bestrafung kann es auch bloß genügen, dass Mitarbeiter des Verbandes objektiv sorgfaltswidrig einen Tatbestand verwirklichen und ein Entscheidungsträger objektiv sorgfaltswidrig die Kontrolle unterlassen hat. **Schuldelemente** spielen somit überhaupt **keine Rolle**.

Auch wenn manche die **Verbandsverantwortlichkeit** als **analoges Konstrukt** zur Schuld des Individualstrafrechts ansehen, kann dies nicht über die Tatsache hinwegtäuschen, dass in bestimmten Fällen ohne Berücksichtigung von Schuldelementen (auch solcher der handelnden natürlichen Personen) eine Bestrafung eines Verbandes zugelassen wird. Die Verbandsgeldbuße setzt in diesen Fällen somit **nur Unrecht** voraus und keine Schuld. Sie wird daher auch als **eigene Spur** des Strafrechts (neben der Strafe und vorbeugenden Maßnahme des Individualstrafrechts und den vermögensrechtlichen Anordnungen) gesehen.

Der VfGH hat die Verbandsverantwortlichkeit als neue strafrechtliche Kategorie, die nicht am Maßstab des Schuldprinzips gemessen werden kann, als verfassungsrechtlich zulässig erachtet (VfGH G 497/2015).

B. Strafdrohungen

§ 4 VbVG definiert den Strafrahmen für Verbandsgeldbußen. Die Mindeststrafe beträgt einen Tagessatz.

Die **Höchststrafe** richtet sich nach der Strafdrohung jenes Tatbestandes, für den der Verband verantwortlich ist. Sie beträgt

- 180 Tagessätze bei lebenslanger oder bis zu 20-jähriger Freiheitsstrafe,
- 155 Tagessätze bei bis zu 15-jähriger Freiheitsstrafe,
- 130 Tagessätze bei bis zu 10-jähriger Freiheitsstrafe,
- 100 Tagessätze bei bis zu 5-jähriger Freiheitsstrafe,
- 85 Tagessätze bei bis zu 3-jähriger Freiheitsstrafe,
- 70 Tagessätze bei bis zu 2-jähriger Freiheitsstrafe,
- 55 Tagessätze bei bis zu einjähriger Freiheitsstrafe,
- 40 Tagessätze in allen übrigen Fällen.

C. Höhe des Tagessatzes

Der Tagessatz ist nach der Ertragslage des Verbandes unter Berücksichtigung der sonstigen wirtschaftlichen Leistungsfähigkeit zu bemessen. Der Jahresertrag ist durch 360 zu teilen. Die Untergrenze des Tagessatzes beträgt 50 €, die Obergrenze 30.000 €.

Es sollen dem verantwortlichen Verband all jene Überschüsse entzogen werden, die den Eigentümern als Gewinn zufließen würden. Es ist somit jener Betrag zu ermitteln, der jährlich abgeschöpft werden kann, ohne dass die Betriebsgrundlage des Verbandes gefährdet wird. Auch nicht betriebsnotwendiges Vermögen ist (im Gegensatz zum Individualstrafrecht) dabei einzubeziehen, soweit dessen Verwertung keinen negativen Einfluss auf die Ertragslage hat.

Wie auch im Individualstrafrecht braucht die Ertragslage des Verbandes nicht genau festgestellt zu werden, sie kann ohne aufwendiges Verfahren geschätzt werden. Zur

Berücksichtigung individueller Umstände ist auch ein Auf- oder Abschlag um ein Drittelder geschätzten Ertragslage möglich. So kann auch berücksichtigt werden, dass bei Konzernzugehörigkeit ein Unternehmen Gewinne nicht an den Verband ausschüttet.

Sofern der Verband **gemeinnützigen, humanitären oder kirchlichen Zwecken** dient (§§ 34 bis 47 BAO) oder sonst **nicht auf Gewinn gerichtet** ist, so kann der Tagessatz nicht nach den obenstehenden Kriterien ermittelt werden. Hier ist er **zwischen 2 und 1.500 €** festzusetzen (§ 4 Abs 4 VbVG).

D. Strafzumessung

Nach § 12 Abs 1 VbVG gelten die Strafzumessungsbestimmungen des StGB auch für Verbände, soweit sie nicht ausschließlich auf natürliche Personen anwendbar sind. Die in den §§ 32 ff genannten Umstände stellen die Schuld des Täters in den Mittelpunkt, sind auf Individuen zugeschnitten und können nur sinngemäß auf Verbände übertragen werden. Daher wird § 32 durch § 5 Abs 2 VbVG insoweit modifiziert, dass anstelle der Schuld die Verbandsverantwortlichkeit Grundlage für die Bemessung der Strafe ist. Diese zieht die Ober- und Untergrenze für das Strafausmaß, innerhalb welcher Spezial- und Generalprävention die konkrete Strafe bestimmen.

Zur umstrittenen Rechtsnatur der Verbandsverantwortlichkeit siehe oben A.

Nach § 5 Abs 2 VbVG richtet sich die Höhe der Sanktion insbesondere nach

- dem Ausmaß der vom Verband zu verantwortenden Schädigung oder Gefährdung,
- dem Ausmaß des aus der Tat vom Verband erlangten Vorteils sowie
- der Quantität des vom Verband geduldeten oder begünstigten Verhaltens seiner Mitarbeiter.

Die im Individualstrafrecht beispielhaft angeführten Erschwerungs- und Milderungsgründe gelten sinngemäß auch für Verbände und werden durch § 5 Abs 3 VbVG ergänzt. **Mildernd** ist zu berücksichtigen, wenn

- der Verband bereits vor der Tat Vorkehrungen zur Verhinderung solcher Taten getroffen oder Mitarbeiter zu rechtstreuem Verhalten angehalten hat;
- der Verband lediglich für das Verhalten seiner Mitarbeiter (und nicht für seine Entscheidungsträger) verantwortlich ist;
- er nach der Tat erheblich zur Wahrheitsfindung beigetragen hat;
- er die Folgen der Tat gutgemacht hat;
- er wesentliche Schritte zur zukünftigen Verhinderung ähnlicher Taten unternommen hat;
- die Tat bereits besondere gewichtige Nachteile für den Verband oder seine Eigentümer nach sich gezogen hat (zB bei einer Ein-Mann-GmbH).

E. Zahlungsweise und -erleichterungen

Der verurteilte Verband ist nach Rechtskraft des Urteils schriftlich aufzufordern, die Verbandsgeldbuße binnen 14 Tagen zu bezahlen. Ist der Verband in Verzug, ist die Geldbuße nach den Bestimmungen des GEG zwangsweise einzutreiben (§ 27 Abs 1 VbVG).

Dabei ist auch die Auskunft aus dem Kontenregister oder die Auskunft über Bankkonten (§ 116 StPO) zulässig, wenn aufgrund bestimmter Tatsachen anzunehmen ist, dass auf diese Weise Vermögenswerte zur Vollstreckung aufgefunden werden können.

Eine Ersatzfreiheitsstrafe ist naturgemäß bei der Verbandsgeldbuße nicht vorgesehen. Zur **Sicherung** der Geldbuße bereits vor Rechtskraft der Verurteilung steht gem § 20 VbVG das Instrument der **Beschlagnahme** nach §§ 109 Z 2, 115 Abs 1 Z 3 StPO zur Verfügung (siehe dazu unten IV.A.7.).

Zahlungserleichterungen: Wenn die unverzügliche Zahlung den Verband unbillig hart treffen würde, kann das Gericht auf Antrag **Ratenzahlung** innerhalb von längstens 2 Jahren gewähren (§ 27 Abs 3 VbVG). Gerät der Verband mit mindestens 2 Raten in Verzug, wird die gesamte Strafe fällig (**Terminsverlust**).

Ein **Aufschub der gesamten Geldbuße** bis zu 6 Monaten kann nach § 27 Abs 2 VbVG unter folgenden Voraussetzungen gewährt werden:
- Es ist absehbar, dass der Verband die Folgen der Tat wiedergutmachen wird, und
- dadurch werden die Voraussetzungen einer nachträglichen Milderung der Geldbuße nach § 31a erfüllt.

F. Bedingte Strafnachsicht

a) Voraussetzungen

Die Voraussetzungen für eine bedingte Strafnachsicht sind nach § 6 VbVG, dass

- schon die Androhung allein oder in Verbindung mit Weisungen genügt, um **spezialpräventiv** zu wirken, und
- eine Bestrafung auch aus **generalpräventiven** Gründen nicht nötig ist.

  Bei der Beurteilung dieser Voraussetzungen sind insbesondere zu berücksichtigen: die Art der Tat, das Gewicht der Pflichtverletzung oder des Sorgfaltsverstoßes, frühere Verurteilungen des Verbandes, die Verlässlichkeit der Entscheidungsträger und die nach der Tat vom Verband gesetzten Maßnahmen.

Unter den oben genannten Voraussetzungen gibt es zwei Möglichkeiten:

1. Bei einer Verurteilung zu einer Verbandsgeldbuße von nicht mehr als **70 Tagessätzen** ist der Vollzug **zur Gänze** nachzusehen (§ 6 Abs 1 VbVG).

2. Bei Verurteilung zu einer höheren Verbandsgeldbuße ist deren Vollzug zum Teil nachzusehen, wenn (§ 7 VbVG)

- die Voraussetzungen des § 6 VbVG nicht auf die ganze Geldbuße,
- aber doch auf einen Teil zutreffen und
- dieser Teil mindestens 1/3 und höchstens 5/6 der Gesamtgeldbuße beträgt.

Bei Ausspruch der bedingten Strafnachsicht ist eine Probezeit von 1 bis 3 Jahren festzulegen.

Zur Möglichkeit, die Probezeit auf 5 Jahre zu verlängern, wenn auf den Widerruf der bedingten Strafnachsicht verzichtet wird, siehe oben II.L.

b) Weisungen

Anlässlich der bedingten Strafnachsicht können dem Verband auch Weisungen erteilt werden (§ 8 VbVG). In Betracht kommen:

- die Schadensgutmachung oder
- technische, organisatorische oder personelle Maßnahmen, um zukünftig Taten, für die der Verband verantwortlich ist, entgegenzuwirken.

  Letztere Weisungen sind **nur mit Zustimmung** des Verbandes zulässig. Sonstige Weisungen, wie sie im Individualstrafrecht vorgesehen sind, kommen bei Verbänden nicht in Betracht.

Es kann auch die zuständige Verwaltungs- oder Aufsichtsbehörde ersucht werden, an der **Überwachung** der Einhaltung der Weisung mitzuwirken (§ 26 Abs 2 VbVG).

c) Widerruf der bedingten Strafnachsicht

Ein Widerruf der bedingten Strafnachsicht ist innerhalb der Probezeit vorgesehen bei (§ 9 VbVG)

- Rückfall und
- Verstoß gegen Weisungen trotz förmlicher Mahnung.

  Wird auf den Widerruf verzichtet, kann die Probezeit auf 5 Jahre verlängert werden (§ 9 Abs 3 VbVG).

§ 9 VbVG entspricht im Wesentlichen den §§ 53, 55 (siehe oben II.O.). Das Verfahren richtet sich nach § 494a StPO mit der Maßgabe, dass das Bezirksgericht nur Geldbußen bis zu 55 Tagessätzen, der Einzelrichter des Landesgerichts nur solche bis zu 100 Tagessätzen widerrufen darf (§ 25 VbVG).

G. Rechtsnachfolge

Die Verantwortlichkeit des Verbandes bleibt gem § 10 VbVG bestehen, wenn ein anderer Verband im Wege der Gesamtrechtsnachfolge dessen Rechte und Pflichten übernimmt (zB Umwandlung, Verschmelzung, Spaltung usw). Auch verhängte Sanktionen wirken weiter. Dies gilt auch bei Einzelrechtsnachfolge (zB Kauf, Pacht, Leasing usw), wenn im Wesentlichen dieselben Eigentumsverhältnisse bestehen und der Betrieb oder die Tätigkeit im Wesentlichen fortgeführt wird.

Selbst gerichtliche Zustellungen wirken für die Rechtsnachfolger (§ 16 Abs 3 VbVG).

Bei mehreren Rechtsnachfolgern (zB Spaltung) gelten alle als verurteilt und haften für die Verbandsgeldbuße. Andere Rechtsfolgen (zB Weisungen) treffen jene Rechtsnachfolger, deren Tätigkeitsbereich sie zuzuordnen sind.

Durch gesellschaftsrechtliche Gestaltungsmöglichkeiten können somit strafrechtliche Folgen nicht umgangen oder wirkungslos gemacht werden. Nur die tatsächliche Liquidation eines Verbandes ohne Rechtsnachfolge führt zum Erlöschen der Geldbuße. Dasselbe gilt für einen Betriebs- oder Unternehmensübergang im Wege der Einzelrechtsnachfolge, wenn nicht dieselben Eigentumsverhältnisse vorliegen oder die Tätigkeit nicht im Wesentlichen fortgeführt wird.

IV. Der Verfall

A. Allgemeines

Literatur: *Hinterhofer*, Verfall statt Abschöpfung der Bereicherung im österr. Strafrecht, ecolex 2011, 317; *Schmidthuber*, Konfiskation, Verfall und Einziehung (2016); *dies*, (Vergebliche) Verschleierung von Vermögenswerten zur Verhinderung des Verfallsausspruchs – zugleich eine Besprechung des Beschlusses OLG Wien 20 Bs 165/15h, JSt 2016, 347; *Stricker*, Vermögenswerte bei Verfall und Geldwäscherei, ecolex 2024, 914; *Tipold*, Konfiskation und Verfall, in *Lewisch* (Hrsg), Jahrbuch Wirtschaftsstrafrecht und Organverantwortlichkeit (2014), 179.

Die Rechtsnatur des Verfalls ist umstritten. Der Gesetzgeber sieht in ihm keine Strafe, da er nicht mit einem Tadel verbunden ist. Als eine **vermögensrechtliche Anordnung** soll er vor allem einen durch Straftaten erlangten unrechtmäßigen Vermögensvorteil rückgängig machen. Er kann daher auch jemanden treffen, dem unrechtmäßige Vermögensvorteile zugeflossen sind, ohne dass dieser sich selbst strafbar gemacht hat.

Damit soll zum Ausdruck gebracht werden, dass sich Straftaten nicht lohnen sollen. Dabei ist grundsätzlich unbeachtlich, ob das unmittelbar Erlangte noch vorhanden oder bereits in andere Vermögenswerte umgetauscht worden ist. Da diese Vorteile dem Empfänger nur in jenem Ausmaß abgenommen werden dürfen, in welchem sie ihm tatsächlich zugekommen sind (zu den Beweiserleichterungen siehe unten), scheidet eine Solidarhaftung mehrerer Empfänger aus (15 Os 13/15y).

Da der Verfall aber nach dem **Bruttoprinzip** (dazu unten IV.B.) über eine bloße Abschöpfung der Bereicherung (wie sie vor 2011 bestand) hinausgeht, sieht die überwiegende Lehre darin einen **pönalen Charakter**. Damit stünde diese Regelung aber im Widerspruch dazu, dass jede Strafe eine Schuld voraussetzt.

Der VfGH sieht in § 20 allerdings eine verfassungskonforme Regelung, weil sie primär eine präventiv wirkende vermögensrechtliche Maßnahme darstelle (VfGH G 154/2015, JBl 2016, 439 mit Anm *Stricker*).

Verfallene Vermögenswerte fließen dem Bund zu, 20 % davon dem Bundesministerium für Inneres (§ 409b StPO).

Damit soll der Personal- und Sachaufwand der Kriminalpolizei für Finanzermittlungen abgedeckt werden. Ist ein verfallener Gegenstand in wissenschaftlicher oder geschichtlicher Hinsicht für eine Lehr- oder Forschungsanstalt von Interesse, ist er dieser zur Verfügung zu stellen (§ 408 Abs 2 StPO).

§ 86 LMSVG sieht eine (subsidiäre) **Haftung des Unternehmers** – soweit dieser kein Verband (§ 1 VbVG) ist – vor, wenn über seinen Angestellten eine Geldstrafe oder Verfall (wegen Taten im Rahmen dienstlicher Obliegenheiten) verhängt wurde, welche bei diesem nicht einbringlich ist.

B. Dem Verfall unterliegende Vermögenswerte

Dem Verfall unterliegen alle im Inland befindlichen Vermögenswerte,

a) die (§ 20 Abs 1)
- **für** die Begehung einer mit Strafe bedrohten Handlung (Lohn) oder
- **durch** die Begehung einer solchen erlangt wurden, sowie

b) deren (§ 20 Abs 2)
- **Nutzungen** (zB Zinsen, Mieteinnahmen usw) und
- **Ersatzwerte** (zB Verkaufserlös, Versicherungsleistung usw).

Durch die Begehung einer strafbaren Handlung hat der Täter einen Vermögenswert erlangt, wenn die Erlangung ursächlich mit dieser Straftat zusammenhängt, wobei die Vermögensverschiebung nicht definitionsgemäß mit der Tatbestandsverwirklichung verbunden sein muss (14 Os 64/19x). Erfasst sind auch alle erlangten geldwerten Dienstleistungen, ersparten Aufwendungen und Nutzungen von Gebrauchsvorteilen (14 Os 120/18f). Unerheblich ist, ob der Täter schuldhaft gehandelt hat („mit Strafe bedrohte Handlung"). Daher begründen auch Taten von Kindern oder Geisteskranken die Möglichkeit eines Verfalls. Wer Vermögenswerte nur transportiert oder weiterreicht, ohne sie wirtschaftlich zu nutzen, unterliegt nach der Rsp weder § 20 Abs 1 noch § 20 Abs 3 (11 Os 55/24h). Mittel der Terrorfinanzierung sind auch alle Arten von Vermögenswerten unabhängig davon, wem sie gehören und ob sie legalen oder illegalen Ursprungs sind (13 Os 54/19v).

Dem **erweitertern Verfall** (§ 20b) unterliegen Vermögenswerte

a) die (Abs 1)
- der Verfügungsmacht einer **kriminellen Organisation** (§ 278a) oder **terroristischen Vereinigung** (§ 278b) unterliegen oder
- als Mittel der **Terrorismusfinanzierung** (§ 278d) bereitgestellt oder gesammelt wurden;

b) die (Abs 2a) aus irgendeiner (!) mit Strafe bedrohten Handlung stammen und
- sichergestellt oder beschlagnahmt wurden in einem Verfahren wegen §§ 104, 104a, 165, 207a, 215a Abs 1 oder 2, 216, 217, 246, 277 bis 280, 302, 304 bis 309, dem 25. Abschnitt des StGB, § 28a SMG, §§ 39 oder 40 SMG oder § 114 FremdenpolG und
- der Betroffene nicht wegen dieser Straftat verfolgt oder verurteilt werden kann.

Im Fall des § 20b Abs 2a bedarf es keines Nachweises, dass der Vermögenswert aus einer konkreten Straftat stammt. Das Gericht muss lediglich von der illegalen Herkunft überzeugt sein. Dabei kann es sich neben den Ermittlungsergebnissen des Verfahrens auch auf einen auffallenden Widerspruch zwischen dem Vermögenswert und den rechtmäßigen Einkünften des Betroffenen, dessen persönlichen und wirtschaftlichen Verhältnisse und die Umstände stützen, unter denen der Vermögenswert aufgefunden wurde.

Dem Verfall unterliegen ebenso alle inländischen Vermögenswerte in Bezug auf im **Ausland begangene strafbare Handlungen**, die der inländischen Gerichtsbarkeit gem §§ 62 und 65 entzogen sind (§ 65a).

Ist der dem Verfall unterliegende Vermögenswert nicht sichergestellt oder beschlagnahmt, ist ein diesem entsprechender **Geldbetrag** für **verfallen zu erklären** (**Wertersatzverfall**, § 20 Abs 3).

Erfasst sollen damit nicht nur unauffindbare Vermögenswerte sein, sondern auch solche, die sich nicht in einer Sache oder einem Recht, sondern nur rechnerisch ermitteln lassen, zB ersparte Aufwendungen und Nutzungen von Gebrauchsvorteilen (RV 918 BlgNR 24. GP, 8). Damit wäre nicht nur das nunmehr verschwundene gestohlene Auto, sondern bei längerer Nutzung auch der Gebrauchsvorteil beim Wertersatz zu berücksichtigen. Beim Hehler ist die von ihm erworbene „heiße Ware" vom Verfall bedroht, nicht der dafür erlangte (niedrigere) Verkaufserlös; er hat daher den (höheren) Wertersatzverfall zu bezahlen (13 Os 6/20m).

Stammt der Ersatzwert nicht ausschließlich vom unrechtmäßig erlangten Vorteil, kann er nicht nach § 20 Abs 2 für verfallen erklärt werden (zB nur zum Teil aus gestohlenem Geld gekaufter PKW); in diesem Fall wäre ein entsprechender Wertersatzverfall nach § 20 Abs 3 aufzuerlegen (12 Os 112/15k).

Den **Umfang** der für verfallen zu erklärenden Vermögenswerte hat das Gericht zu ermitteln. Ist dies nicht oder nur mit einem **unverhältnismäßigen Aufwand** möglich, so hat es gem § 20 Abs 4 diesen Betrag **nach seiner Überzeugung festzusetzen** (vgl § 273 ZPO). Als gegenstandsbezogene Bestimmung ist nicht die Bereicherung nach dem Nettoprinzip maßgeblich, sondern nach dem **Bruttoprinzip** einfach der Wert des dem Verfall unterliegenden Vermögenswertes.

Damit bleiben Aufwendungen, die in realen Vermögenswerten bestehen und unmittelbar mit der Straftat verknüpft sind, außer Betracht (zB die Anschaffungskosten für Suchtgift oder Einbruchswerkzeug).

Eine **Solidarhaftung** mehrerer Bereicherter ist **nicht** vorgesehen. Sind Vermögenswerte mehreren Personen zugekommen, so ist bei jedem Empfänger nur der dem jeweils tatsächlich rechtswidrig erlangten Vermögenswert entsprechende Betrag für verfallen zu erklären (15 Os 13/15y).

Zur **Bescheinigungslastumkehr** in bestimmten Fällen siehe unten IV.E.

C. Entfall des Verfalls

Literatur: *Hoch*, Überraschung: OGH schützt Fiskus vor Gesetzgeber! Eine Entrüstung, ecolex 2016, 202; *Schmid*, OGH schützt Fiskus vor Gesetzgeber?! Eine Erwiderung, ecolex 2016, 765.

1. Unzulässig ist der Verfall, wenn Verjährung der Straftat eingetreten ist (§ 57 Abs 4).

2. Ausgeschlossen ist der Verfall (§ 20a Abs 2):

- wenn der Betroffene **zivilrechtliche Ansprüche** aus der Tat befriedigt oder für sie Sicherheit geleistet hat;
- wenn die Wirkung des Verfalls durch **andere rechtliche Maßnahmen** erreicht wird;

  Das wäre anzunehmen bei Verfall nach anderen Bestimmungen oder einer Rückstellung nach § 367 StPO. Str ist, ob ein Exekutionstitel (zB vom Zivilgericht oder vom Strafgericht im Rahmen des Adhäsionsverfahrens geschaffen, gerichtlicher Vergleich, vollstreckbarer Notariatsakt) den Verfall verhindert; nach der Rsp ist dies nicht der Fall (15 Os 128/21v mit Anm Tipold JBl 2022, 470).

3. Gegenüber (unbeteiligten) **Dritten** ist der Verfall ausgeschlossen, soweit sie

- an Vermögenswerten iSd § 20b Abs 1 (Verfügungsmacht einer kriminellen Organisation od terroristischen Vereinigung, Terrorismusfinanzierung) Rechtsansprüche haben und nicht an der kriminellen Organisation od terroristischen Vereinigung beteiligt sind (§ 20c Abs 1);

  Das trifft aber nur auf dingliche Rechte (zB Eigentum) oder obligatorische Rechte im Zusammenhang mit der dem Verfall unterliegenden Sache (zB Nutzungsrecht), nicht aber Ansprüche allgemeiner Art (zB Schadenersatzansprüche), die gegen das Vermögen allgemein des anderen gerichtet sind (13 Os 71/23z).

- sonst in Unkenntnis der Tat die Vermögenswerte erworben haben (§ 20a Abs 2 Z 1, § 20c Abs 2), in Fall des § 20 Abs 1 aber nur bei **entgeltlichem Erwerb** (§ 20a Abs 2 Z 1);

  Unklar ist, ob für die Unkenntnis des Dritten Eventualvorsatz genügt oder Wissentlichkeit notwendig ist, und wie vorzugehen ist, wenn der unrechtmäßig erlangte Wert gegen unangemessenes Entgelt weiterveräußert wird.

4. Abzusehen ist vom Verfall, soweit die Höhe oder Einbringlichkeit des Vermögenswertes **außer Verhältnis** zum Verfahrensaufwand steht (§ 20a Abs 3).

Nach der Rsp verhindern bloß unverhältnismäßige Ermittlungsmaßnahmen das Verfallserkenntnis, nicht aber die bloße geringe Wahrscheinlichkeit der Einbringung. Letztere ist erst im Vollstreckungsverfahren zu prüfen (14 Os 33/17k).

Beachte in diesem Zusammenhang auch die eingeschränkte Möglichkeit des Wertersatzverfalls bei Jugendstraftaten und Straftaten junger Erwachsener nach § 5 Z 6a JGG.

D. Nachträgliche Milderung

Eine nachträgliche Milderung des Verfalls sieht § 31a Abs 3 vor. Treten nachträglich Umstände ein oder werden bekannt, bei deren Vorliegen im Zeitpunkt des Urteils nicht auf Verfall oder nur auf Verfall geringerer Vermögenswerte zu erkennen gewesen wäre, so hat das Gericht die Entscheidung entsprechend zu ändern.

Das wäre zB dann der Fall, wenn der Verpflichtete die zivilrechtlichen Ansprüche des Geschädigten zwischenzeitig befriedigt hat (15 Os 128/21v mit Anm *Tipold* JBl 2022, 470).

E. Bescheinigungslastumkehr

Eine verfahrensrechtliche Besonderheit findet sich in § 20b Abs 2. Nicht der Ankläger muss die Unrechtmäßigkeit des erlangten Vermögenswertes nachweisen, sondern den Inhaber des Vermögenswertes trifft eine Bescheinigungslastumkehr **hinsichtlich der Rechtmäßigkeit des Besitzes**. Die beim Betroffenen vorgefundenen Vermögenswerte werden daher für verfallen erklärt, wenn dieser ihre rechtmäßige Herkunft nicht glaubhaft machen kann (dh er muss es nicht beweisen, aber doch die Wahrscheinlichkeit der rechtmäßigen Herkunft, zB durch eine Erbschaft oder einen Lottogewinn, darlegen).

Diese Bescheinigungslastumkehr tritt unter folgenden **Voraussetzungen** ein:

- Vermögenswert erlangt
- für Begehung oder durch folgende Taten:
  - §§ 278, 278c oder
  - Verbrechen (§ 17);
- im zeitlichen Zusammenhang mit dieser Tat weitere Vermögenswerte erlangt;
- Umstände liegen vor, die Annahme nahelegen, dass sie aus (irgendeiner) Tat stammen;
- ihre Rechtmäßigkeit kann nicht glaubhaft gemacht werden.

Mit dem **Schuldgrundsatz** (§ 4) steht diese Bescheinigungslastumkehr, die zwar keine Beweislastumkehr darstellt, ihr im Ergebnis aber sehr nahekommt, nicht in Widerspruch, da der Verfall ja nicht als Strafe ausgestaltet und damit auch nicht von der Schuld abhängig ist. Ein gewisses Spannungsverhältnis zu Art 6 MRK ist allerdings nicht abzustreiten.

F. Verfahren

Entsprechende Verfahrensbestimmungen finden sich in den §§ 443 ff StPO. Wenn nicht im Strafurteil auf Verfall erkannt werden kann, zB weil der Täter nicht strafbar (zB schuldunfähig) ist, so besteht die Möglichkeit eines objektiven Verfahrens. Personen, die vom Verfall bedroht sind (Haftungsbeteiligte), sind dem Verfahren beizuziehen und haben die Rechte eines Angeklagten (§ 64 StPO). Sie können ihre Ansprüche auf den Gegenstand oder dessen Erlös auch noch 30 Jahr nach der strafgerichtlichen Entscheidung gegen den Bund im Zivilrechtsweg geltend machen.

Prozessual wird der Verfall durch **Sicherstellung** und **Beschlagnahme** nach §§ 110 Abs 1 Z 3, 115 Abs 1 Z 3 StPO gesichert.

Sofern ein Drittverbot oder ein Veräußerungs- oder Belastungsverbot erlassen wurde, sind die Bestimmungen des EO über einstweilige Verfügungen (§§ 378 EO) sinngemäß anzuwenden. Ein Widerspruch nach § 397 EO ist aber nicht vorgesehen (14 Os 133/01).

Bei Wegfall der Voraussetzungen der Beschlagnahme oder bei Erlag eines vom Gericht zu bestimmenden Geldbetrages ist die **Beschlagnahme** wieder **aufzuheben** (§ 115 Abs 5 StPO).

Hat das **Opfer** aufgrund der Tat, die dem (erweiterten) Verfall zugrunde liegt, für seine **Schadenersatzansprüche** einen Exekutionstitel, so kann er im Zivilrechtsweg vom Bund deren Befriedigung verlangen, wobei die Haftung des Bundes auf den verfallenen Vermögenswert beschränkt ist (§ 373b StPO).

G. Zahlungsweise und -erleichterungen

Die Zahlung und Eintreibung des Verfalls und des Wertersatzverfalls richten sich nach § 409 StPO. Im Fall des Wertersatzverfalls nach § 20 Abs 3 sind auch Zahlungserleichterungen nach § 409a StPO möglich. Siehe dazu oben bei der Geldstrafe (II.B.c.).

V. Vorbeugende Maßnahmen

A. Allgemeines

Literatur: *Lengauer*, Überlegungen zur Legitimation vorbeugender Maßnahmen gegen geistig abnormer RechtsbrecherInnen, JSt 2020, 387; *dies*, Das Maßnahmenvollzugsanpassungsgesetz 2022, ÖJZ 2023, 409; *Stempkowski*, Erfolgsfaktoren für die Legalbewährung von Maßnahmenuntergebrachten, ÖJZ 2019, 958.

Bei vorbeugenden Maßnahmen ist im Gegensatz zur Strafe ein **Übel nicht intendiert**, wohl aber zwangsläufig damit verbunden; es stellt eine unerwünschte Begleiterscheinung dar. Der Ausspruch einer Maßnahme stellt im Gegensatz zur Verhängung einer Strafe auch **keinen Tadel** dar, da die Tat nicht vorwerfbar (schuldhaft) ist bzw sein muss. Mit der Maßnahme wird ausschließlich auf die **Gefährlichkeit des Täters** reagiert, insbes bei psychischen Störungen (§ 21), Entwöhnungsbedürftigen (§ 22), gefährlichen Rückfallstätern oder terroristischen Tätern (§ 23) und best Sexualstraftätern (§ 220b); für die Prognosetat wird ein hohes Maß an Wahrscheinlichkeit gefordert. Generalpräventive Erwägungen haben bei vorbeugenden Maßnahmen außer Betracht zu bleiben.

Nicht selten trifft den Gesetzgeber der Vorwurf des **„Etikettenschwindels“**, weil auf diese Weise das Schuldprinzip umgangen werden könnte. Der Täter wird nämlich in seiner persönlichen Freiheit beschränkt, ohne dass er eine schuldhafte Handlung begangen hat. IdR genügt es, dass sein Verhalten tatbestandsmäßig und rechtswidrig ist. Unterscheide in diesem Zusammenhang zwischen mit Strafe bedrohter Handlung (= tatbestandsmäßig und rechtswidrig) und strafbarer Handlung (= zusätzlich schuldhaft).

Das StGB kennt folgende **vorbeugende Maßnahmen**:
- Einweisung Zurechnungsunfähiger bei psychischer Störung nach § 21 Abs 1,
- Einweisung Zurechnungsfähiger bei psychischer Störung nach § 21 Abs 2,
- Einweisung Entwöhnungsbedürftiger nach § 22,
- Einweisung gefährlicher Rückfallstäter nach § 23,
- Einziehung gefährlicher Gegenstände nach § 26 und
- ein Tätigkeitsverbot nach § 220b.

Allgemeine **Voraussetzungen** einer Einweisung nach §§ 21 bis 23 sind:
- Gefährlichkeit des Täters,
- eine Anlasstat,
- eine Prognosetat (außer bei § 26),
- Grundsatz der **Verhältnismäßigkeit** (15 Os 119/06y).

Das bedeutet, dass die Maßnahme in angemessenem Verhältnis zur Gefährlichkeit des Täters stehen muss. Die Anlasstat ist insofern nur von Bedeutung, als in ihr diese Gefährlichkeit zum Ausdruck kommt. Der Verhältnismäßigkeitsgrundsatz ist nicht ausdrücklich im Gesetz festgelegt, sondern ergibt sich aus dem Ultima-Ratio-Prinzip des Strafrechts.

Anlass- und Prognosetat müssen (außer in den Fällen der § 23 und § 220b) nur eine **mit Strafe bedrohte Handlung** sein, nicht aber eine strafbare (und damit schuldhafte) Handlung. Dies setzt daher voraus, dass die Anlasstat (mit Ausnahme bei § 22) **auch vorsätzlich** begangen sein muss. Wer durch eine psychische Störung den sozialen Bedeutungsgehalt eines Tatbildmerkmals nicht erkennt (zB gröbliche Vernachlässigung der Fürsorgepflicht iSd § 92 Abs 2), handelt ohne Vorsatz, sodass es an einer vom Gesetz geforderten Anlasstat mangelt. Die Prognosetat ist überdies ihrer Art nach im Urteil näher zu bezeichnen (13 Os 5/08x und Anm *Zerbes*, JBl 2009, 394).

Vorbeugende Maßnahmen sind auch möglich, wenn ein Österreicher wegen einer Auslandstat aus den Gründen des § 65 Abs 4 nicht bestraft werden kann (§ 65 Abs 5).

Eine vorbeugende Maßnahme kann wegen einer neuen Anlasstat auch (abermals) angeordnet werden, selbst wenn sich der Täter gerade in solch einer Maßnahme befindet (15 Os 159/07g).

Vorbeugende Maßnahmen sind **unzulässig**, wenn die Anlasstat verjährt ist (§ 57 Abs 4).

Verfahrensrechtliche Besonderheiten finden sich in §§ 329 ff StPO (für § 21) bzw §§ 335 ff StPO (für §§ 22 und 23). Im Verfahren ist zwingend ein Sachverständiger der Psychiatrie (vorzugsweise mit zusätzlichem Fachgebiet psychiatrische Kriminalprognostik, im Jugendstrafverfahren aus dem Fach der Kinder- und Jugendpsychiatrie), allenfalls der klinischen Psychologie beizuziehen. Bei sonstiger Nichtigkeit muss der Sachverständige bis zum Schluss der Hauptverhandlung, der Verteidiger auch bei Urteilsverkündung und Rechtsmittelbelehrung ständig anwesend sein (12 Os 80/23s). Im Verfahren zur Unterbringung nach § 21 gilt dies auch für den Sachverständigen.

Zu den Voraussetzungen der **vorläufigen Unterbringung** (anstelle der Untersuchungshaft) siehe §§ 431 ff StPO bzw § 442 StPO.

B. Unterbringung in einem forensisch-therapeutischen Zentrum (§ 21)

1. Diese vorbeugende Maßnahme kann einerseits über zurechnungsunfähige (§ 21 Abs 1), andererseits aber auch über zurechnungsfähige Täter (§ 21 Abs 2) verhängt werden.

Die Zurechnungsunfähigkeit muss sich aus einem Grund des § 11 (und nicht des § 4 Abs 2 Z 1 JGG) ergeben.

Die Maßnahme nach § 21 besteht in einer Unterbringung auf **unbestimmte Zeit**. Wird der Täter sowohl zu einer Strafe als auch zu einer Unterbringung verurteilt (zB bei Deliktskonkurrenz oder im Fall des § 21 Abs 2), so geht die Maßnahme vor. Die in der Maßnahme verbrachte Zeit wird (anschließend) auf die Strafe angerechnet; dies gilt auch dann, wenn die Strafe nicht mit der Unterbringung verhängt wurde (§ 24 Abs 1; **Vikariieren**).

Liegen zusätzlich die Voraussetzungen für eine Einweisung nach § 22 oder § 23 vor, ist der Täter nur nach § 21 unterzubringen (§ 22 Abs 2, § 23 Abs 2).

Dass der Täter nach dem Unterbringungsgesetz angehalten oder ihm ein Erwachsenenvertreter bestellt werden könnte, steht einer Unterbringung nach § 21 nicht entgegen (14 Os 8/99). Wäre der Täter neben seiner Zurechnungsunfähigkeit auch wegen anderer Umstände nicht strafbar (zB Strafaufhebung), so kommt eine Maßnahme nicht in Betracht (15 Os 149/04). Ist zum Zeitpunkt der Urteilsfällung die Gefährlichkeit unter das kritische Ausmaß reduziert worden (zB durch Behandlung im Rahmen einer vorläufigen Anhaltung), so ist eine Unterbringung nach § 21 nicht mehr zulässig (12 Os 18/20v). Sofern der gefährliche Zustand aber nur durch eine laufende Therapie unter Kontrolle gebracht werden kann, geht die Rsp selbst bei Therapiebereitschaft von einer aufrechten Gefährlichkeit aus (15 Os 2/13b; 11 Os 125/16s). Auch dass eine Behandlung in Strafhaft möglich wäre, kann die Einweisung nach § 21 nicht verhindern (11 Os 13/19z).

Maßnahmen nach § 21 sind in besonderen forensischen Zentren zu vollziehen (Zurechnungsunfähige in der JA Göllersdorf und im forensischen Zentrum Asten, Zurechnungsfähige in der JA Wien-Mittersteig), ausnahmsweise auch in öffentlichen Krankenanstalten. Maßnahmen nach § 21 Abs 2 können auch in besonderen Abteilungen allgemeiner Justizanstalten vollzogen werden (§§ 158, 167a StVG). Für Jugendliche sieht § 57a JGG Besonderheiten vor.

2. Die **Anlasstat** muss (§ 21 Abs 3)

- unter dem maßgeblichen Einfluss einer schwerwiegenden und nachhaltigen psychischen Störung gegangen worden sein und
- mit mehr als ein Jahr Freiheitsstrafe bedrohte sein.

Eine Tat gegen fremdes Vermögen kommt nur dann in Betracht, wenn sie unter Anwendung von Gewalt gegen eine Person oder unter Drohung mit einer gegenwärtigen Gefahr für Leib und Leben begangen wurde.

Bei Jugendstraftaten kommen nur Taten in Betracht, die mit mind 10 Jahren oder lebenslanger Freiheitsstrafe bedroht sind (§ 5 Z 6b JGG).

Die psychischer Störung muss in direkter Zusammenhang zur Anlasstat stehen, braucht nicht die einzige Ursache der Tatverübung gewesen sein (13 Os 78/04), muss aber einen bedeutenden Einfluss gehabt haben. Für die einjährige Strafdrohung haben nach hM eine Strafschärfung nach § 313 sowie die Zusammenrechnungsregel des § 29 außer Betracht zu bleiben. Bei § 287 wird auf die Strafdrohung der im Rausch begangenen Handlung abgestellt. Nach der Rsp ist eine mit Strafe bedrohte Anlasstat auch dann gegeben, wenn der Täter aufgrund seiner psychischen Störung irrtümlich eine Rechtfertigung annimmt, weil § 8 in diesem Fall nicht anwendbar sein soll (14 Os 72/97).

3. Die **Gefährlichkeit** des Täters liegt darin, dass er die Tat unter dem **maßgeblichen Einfluss** seiner **psychischen Störung** begangen hat.

4. Prognosetat:

Nach der Person, ihrem Zustand und der Art der Tat ist (bezogen auf den Zeitpunkt der Entscheidung) mit hoher Wahrscheinlichkeit zu befürchten, dass der Täter unter dem maßgeblichen Einfluss seiner psychischen Störung eine (einzige) Tat mit schweren Folgen (gemessen am sozialen Störwert) begeht.

Wenn die Anlasstat mit mehr als 3 Jahren Freiheitsstrafe bedroht ist, kommt jede Tat als Prognosetat in Betracht.

Wenn die Anlasstat mit max 3 Jahren Freiheitsstrafe bedroht ist, kommen nur folgende in Betracht:
- eine Tat gegen Leib und Leben, die mit mehr als 2 Jahren Freiheitsstrafe bedroht ist oder
- eine Tat gegen die sexuelle Integrität und Selbstbestimmung.

Schwere Folgen können jedenfalls beträchtliche Gesundheitsschäden oder schwere Nötigungen, eine sittliche Gefährdung durch Sexualdelikte, aber auch Vermögensschäden in großem Ausmaß (wohl € 300.000) sein. Nach der Rsp sind nicht nur tatbestandsmäßige Folgen, sondern auch alle gesellschaftlichen Auswirkungen dabei zu berücksichtigen, zB kostspielige Abwehrmaßnahmen oder weitreichende Beunruhigung; deshalb sieht sie auch in der Gefährdung durch Brandstiftung (unabhängig vom konkreten Schaden) schwere Folgen (16 Os 57/91).

Die schweren Folgen müssen sich aus einer einzigen Prognosetat ergeben. Dass mehrere Prognosetaten bei Zusammenrechnung nach § 29 (siehe unten VIII.B.) schwere Folgen befürchten lassen, ist unerheblich (15 Os 107/05g). Die Prognosetat muss im Urteil zumindest der Art nach beschrieben werden (15 Os 12/15a) und kann auch anders als die Anlasstat geartet sein, sofern die Kausalität der geistigen oder seelischen Abart vorliegt (14 Os 61/18d).

Beispiel: A beschädigt einen Gartenzaun (§ 125)/ein Denkmal (§ 126 Abs 1 Z 3) mit einem Schaden von 100 €, weil er aufgrund eines krankhaften Ordnungswahns davon besessen ist, jedes rostende Metall mit rosa Farbe anzumalen. Als X ihn davon abhalten möchte, stößt A ihn zur Seite. Der sexuell gestörte C vergreift sich an einem Kind. Es wird mit hoher Wahrscheinlichkeit befürchtet, dass der zurechnungsunfähige/beschränkt zurechnungsfähige Täter solch eine Tat noch einmal begehen wird. *§ 125 kommt bei A ebenso wie die Nötigung des X (§ 105) als Anlasstat jedenfalls nicht in Betracht, da die Strafdrohung in diesen Fällen ein Jahr nicht übersteigt. § 126 kann als Anlasstat nur deshalb herangezogen werden, weil A diese im konkreten Fall mit Gewalt gegen X begangen hat. Als Prognosetat kommt eine Sachbeschädigung aber nicht in Betracht, weil § 126 Abs 1 als Anlasstat nicht mit mehr als 3 Jahren Freiheitsstrafe bedroht ist. C ist nach § 21 auf unbeschränkte Zeit einzuweisen, weil die Anlasstat mit mehr als 3 Jahren Freiheitsstrafe bedroht ist und die befürchteten Folgen der Prognosetat schwer sind. Wird er zusätzlich zu einer Freiheitsstrafe von einem Jahr verurteilt und bereits nach einem Jahr aus der Maßnahme entlassen, so braucht er die einjährige Freiheitsstrafe nicht mehr abzusitzen, da ihm der Aufenthalt in der Anstalt auf diese anzurechnen ist.*

5. Vorläufiges Absehen vom Vollzug der Unterbringung

Zwar ist keine bedingte Nachsicht einer Unterbringung nach § 21 vorgesehen, das (erkennende) Gericht hat aber (in jeder Lage des Verfahrens) zu berücksichtigen, ob der Vollzug zunächst vorläufig und später endgültig unterbleiben kann

(§ 434g StPO, § 157a ff StVG). Es kann dafür bestimmte Bedingungen festsetzen (§ 157c StVG; das sind inhaltlich Weisungen) bzw Bewährungshilfe anordnen (§ 157e StVG). Auch eine Sozialnetzkonferenz und Krisenintervention sind möglich. Sofern der Gefährlichkeit auf diese Weise ohne Unterbringung begegnet werden kann, ist vom Vollzug für eine Probezeit vorläufig, nach Ablauf dieser endgültig abzusehen. Eine (wiederholte) Verlängerung der Probezeit ist ebenso möglich wie ein Widerruf des vorläufigen Absehens vom Vollzug, wenn der Täter die Bedingungen nicht einhält oder die Umstände sich ändern.

C. Unterbringung in einer Anstalt für entwöhnungsbedürftige Rechtsbrecher (§ 22)

Literatur: *Eisenbach-Stangl/Stangl*, Exklusion von Drogentätern, ÖJZ 2018, 299 und 443.

1. Diese Maßnahme besteht in einer Unterbringung in einer besonderen Anstalt auf unbestimmte Zeit, sie dauert aber **höchstens 2 Jahre**. Auch diese Maßnahme ist vor dem Vollzug einer allfälligen Strafe durchzuführen und dann auf diese anzurechnen (§ 24 Abs 1; **Vikariieren**).

Maßnahmen nach § 22 werden in der JA Wien-Favoriten vollzogen.

Von einer Einweisung ist **abzusehen** (§ 22 Abs 2):

- bei einer noch verbleibenden Strafhaft von mehr als 2 Jahren (dann nur Strafvollzug);

  Es ist somit nicht auf die Höhe der verhängten Strafe abzustellen, sondern darauf, dass zum Zeitpunkt des Einweisungserkenntnisses noch eine 2 Jahre übersteigende Haftzeit bevorsteht (9 Os 3/84).

- wenn der Entzug aussichtslos ist;
- wenn eine Unterbringung nach § 21 angeordnet wird.

2. Anlasstat muss

- eine Tat nach § 287,
- eine im Rausch begangene strafbare Handlung oder
- eine solche im Zusammenhang mit der Gewöhnung an ein Rausch- oder Suchtmittel

sein.

3. Gefährlichkeit des Täters:

Der Täter muss dem Missbrauch eines berauschenden Mittels bzw Suchtmittels ergeben sein.

Das ist der Fall, wenn der Täter das Mittel mit Selbstverständlichkeit gebraucht oder wenn ihm der Genuss so sehr zum Bedürfnis geworden ist, dass er nur mit äußerster Anstrengung und Willenskraft den Konsum unterlassen kann (12 Os 102/08d).

4. Prognosetat:

Nach der Person und der Art der Tat ist zu befürchten, dass der Täter im Zusammenhang mit seiner Gewöhnung an berauschende Mittel oder Suchtmittel

- eine einzige Tat mit schweren Folgen oder
- mehrere Taten mit nicht bloß leichten Folgen begehen wird.

Beispiel: A bricht in eine Apotheke ein, um sich Drogen/Alkohol zum alsbaldigen Genuss zu besorgen. Er wird verhaftet und sitzt ein Jahr in Untersuchungshaft. Es wird befürchtet, dass A eine solche Tat/solche Taten wiederholt verüben wird. *Nur wenn A abhängig ist, kommt § 22 in Betracht. Der Einbruch ist eine ausreichende Anlasstat, da er im Zusammenhang mit der Sucht begangen wurde. Als Prognosetat kommen aber nur mehrere solche Taten in Betracht, da eine Tat allein zu geringe Folgen bewirken würde. Wird neben der Einweisung eine Strafe von 3 Jahren verhängt und darauf 1 Jahr Untersuchungshaft angerechnet, verkürzt sich die verbleibende Strafzeit auf 2 Jahre. Dies stellt die oberste Grenze für die Zulässigkeit einer Einweisung dar.*

D. Unterbringung in einer Anstalt für gefährliche Rückfallstäter (§ 23)

Literatur: *Mayerhofer*, Die Krise der Sicherheitsverwahrung, ÖJZ 1986, 489; *Stangl*, Die Maßnahme der Unterbringung in einer Anstalt für gefährliche Rückfallstäter, JSt 2018, 113.

1. Dieser Maßnahme unterliegen neben bestimmten **Hang- und Berufsverbrechern** unter bestimmten Bedingungen auch **terroristische Straftäter.** Die Unterbringung in einer besonderen Anstalt wird auf unbestimmte Zeit verhängt, dauert aber **höchstens 10 Jahre** (bei Jugendlichen 5 Jahre, wenn sie vor dem 21. Geburtstag untergebracht wurden). Sie wird erst nach der verhängten Strafe vollzogen (kein Vikariieren)! Von ihr ist **abzusehen**, wenn der Täter nach § 21 untergebracht wird.

Die Anordnung einer Unterbringung nach § 23 mit gleichzeitiger bedingter Entlassung ist unzulässig, weil dies einer bedingten Nachsicht dieser Maßnahme gleichkäme, die gesetzlich nicht vorgesehen ist (vgl 11 Os 79/90).

2. Anlasstat:

a) Rückfallstäter (Abs 1):

Nach dem 24. Lebensjahr wird der Täter zu einer Freiheitsstrafe von mind 2 Jahren verurteilt wegen (zumindest) einer **vorsätzlichen** Tat

- gegen Leib und Leben, Freiheit oder sexuelle Integrität und Selbstbestimmung,
- gegen Vermögen bei Anwendung oder Androhung von Gewalt gegen eine Person,
- nach § 28a Abs 2 bis 5 SMG oder
- gemeingefährliche Handlungen (§§ 169 ff).

b) Terroristische Straftäter (Abs 1a):

Nach dem 18. Geburtstag wird der Täter zu einer Freiheitsstrafe von mind 18 Monaten verurteilt zumindest überwiegend wegen einer **vorsätzlichen** terroristischen Tat nach §§ 278b bis 278f.

3. Gefährlichkeit des Täters:

a) Rückfallstäter (Abs 1):

- Der Täter wurde bereits mind zwei Mal zumind überwiegend wegen oben angeführter Taten zu Freiheitsstrafen von je mehr als 6 Monaten verurteilt;
- er hat deswegen zwischen dem 19. Geburtstag und der jetzigen Anlasstat **mind 18 Monate in Strafhaft** verbracht;

Strafhaft bedeutet jene Zeit, die im Strafvollzug effektiv verbüßt wurde. Angerechnete Untersuchungshaft oder Maßnahmen nach § 21 Abs 1 werden also nicht berücksichtigt; in einer Maßnahme nach § 21 Abs 2 oder § 22 verbrachte Zeit allerdings schon, wenn sie auf eine Strafe angerechnet wurde (§ 23 Abs 3).

b) Terroristische Täter (Abs 1a):

Der Täter wurde nach dem 16. Geburtstag bereits **einmal** zu einer **unbedingten** Freiheitsstrafe von **mehr als einem Jahr** verurteilt zumindest überwiegend wegen

- einer (in Abs 1a angeführten) Anlasstat,
- Mord oder Totschlag (§§ 75, 76),
- schweren Körperverletzung nach §§ 84 Abs 4 oder Abs 5 Z 1 oder 3, 85 Abs 2, 86 Abs 2, 87
- vorsätzlichen gemeingefährlichen Handlung (§§ 169 ff).

Rückfallsverjährung (§ 23 Ab 4):

Eine frühere Strafe bleibt außer Betracht, wenn zwischen ihrer Verbüßung und der (neuen) Tat mehr als 5 Jahre liegen.

Anhaltungen auf behördliche Anordnung sind in diese Zeit nicht einzurechnen. Wurde eine Strafe ausschließlich durch Anrechnung von Vorhaft verbüßt, beginnt die Frist mit Rechtskraft des Urteils.

Ausländische Verurteilungen sind zu berücksichtigen, wenn (§ 23 Abs 5)

- die Tat nach österr. Recht strafbar ist,
- das Strafverfahren der EMRK entsprach,
- der Täter wahrscheinlich auch im Inland zu einer Freiheitsstrafe von mehr als sechs Monaten (Abs 1) beziehungsweise einem Jahr (Abs 1a) verurteilt worden wäre und
- der Rückfallstäter die oben angeführte Zeit (18 Monate) in Strafhaft zugebracht hätte.

4. Prognosetat:

a) Rückfallstäter:

Es wird befürchtet, dass der Täter wegen seines Hanges zu (allen in Abs 1 angeführten) Anlasstaten oder weil er seinen Lebensunterhalt auf diese Weise überwiegend bestreitet, weitere (mehr als eine) solche Straftaten mit schweren Folgen begehen wird.

Beispiel: A hat bereits folgende Freiheitsstrafen verbüßt: Mit 20 Jahren 3 Monate wegen § 127, mit 21 Jahren 4 Monate wegen § 129 und § 83, mit 22 Jahren 7 Monate wegen § 129 und § 84, mit 23 Jahren 10 Monate wegen § 28 Abs 2 SMG und § 80 (wobei auf § 80 2 Monate entfallen). Mit 24 wird er wegen § 131 mit Todesfolge zu 2 Jahren verurteilt. *§ 131 ist eine hinreichende Anlasstat. Als Vortaten kommen die ersten beiden aufgrund ihrer niedrigen Strafhöhe nicht in Betracht, ebenso wenig § 80 als Fahrlässigkeitsdelikt. Wegen der übrigen Taten verbrachte A bloß 15 (7 + 8) Monate Haft, daher ist keine Einweisung nach § 23 möglich.*

b) Terroristische Täter:

Es wird befürchtet, dass der Täter wegen seines Hanges zu terroristischen Taten (§§ 278b bis 278f) weitere (mehr als eine) solche Straftaten mit schweren Folgen begehen wird.

Beispiel: A hat als 15-Jähriger seine Schwester zur Rettung der Familienehre getötet, weil sie außerehelichen Geschlechtsverkehr hatte. Dafür wurde er als 16-Jähriger zu einer Freiheitsstrafe von 5 Jahren verurteilt, wobei davon 3 ½ Jahre bedingt nachgesehen wurden. A wird nach 10 Monaten Haft am 15.2.2015 (bedingt) entlassen. A bettelt ab 1.2.2020/1.3.2020, weil sein Freund B damit ein Flugticket kaufen will, um dieses Flugzeug (für politische Ziele) zu entführen. D*er Mord ist eine hinreichende Anlasstat, weil A dafür nach seinem 16. Geburtstag zu einer mehr als einjährigen unbedingten Freiheitsstrafe verurteilt wurde; dass er nicht mehr als ein Jahr Haft verbüßen musste, ist irrelevant. Wenn seit seiner Entlassung mehr als 5 Jahre vergehen (1.3.2020) kann die Terrorismusfinanzierung nach § 278d Abs 1a nicht zu einer Einweisung nach § 23 führen; anders bei Tatbeginn ab 1.2.2020, sofern A dafür eine (bedingte) Strafe von zumindest 18 Monaten erhält und weitere solche Taten zu befürchten sind.*

E. Einziehung

Literatur: *Schmidthuber*, Konfiskation, Verfall und Einziehung (2016)

Eingezogen werden können nach § 26 alle im Inland befindlichen Werkzeuge und Produkte von Straftaten, wobei von der Sache selbst (durch ihre besondere Eigenschaft) eine Gefahr ausgehen muss, zB Waffen, Falschgeld usw. Nicht einzuziehen sind Gegenstände des täglichen Gebrauchs (zB Küchen- und Jagdmesser).

Einzuziehen sind zB Waffen und Kriegsmaterial, deren Besitz verboten ist (15 Os 78/95 und 1997/183), oder ein Wurfstern, dessen Besitz zwar nach Waffengesetz nicht verboten ist, mit dem aber eine mit Strafe bedrohte Handlung begangen wurde (14 Os 93/92). Nur weil eine Waage zum Abwiegen von Suchtgift verwendet wurde, ist sie noch nicht einziehungsfähig (12 Os 6/97).

Auch andere Strafgesetze sehen eine Einziehung vor, zB ist gem § 34 SMG Suchtgift, das Gegenstand einer mit Strafe bedrohten Handlung war ebenso einzuziehen wie gem § 3n VerbotsG Gegenstände, die wegen ihrer besonderen Beschaffenheit dazu geeignet sind, bei Handlungen nach dem VerbotsG verwendet zu werden. Weiters gibt es in § 33 MedienG und in § 83 LMSVG eine Bestimmung für die Einziehung.

Erfasst von der Einziehung sind auch alle gefährliche (im Inland befindliche) Gegenstände in Bezug auf Auslandstaten, die der inländischen Gerichtsbarkeit gem §§ 62 bis 65 entzogen sind (§ 65a).

Die Tat, bei der die Sache verwendet wurde oder entstanden ist, muss eine mit Strafe bedrohte Handlung sein. Es genügt auch ein Versuch (nicht jedoch ein absolut untauglicher Versuch).

Daher unterliegen auch für die Tatausübung bloß vorgesehene Gegenstände der Einziehung, wenn die Tat zumindest bis zum strafbaren Versuchsstadium gediehen ist (14 Os 79/06h). Dass der Täter vom Versuch strafbefreiend zurückgetreten ist, hindert ebenso wie andere Strafausschließungsgründe und Verjährung eine Einziehung nicht (15 Os 155/18k).

Vorrang genießen aber **Rechtsansprüche unbeteiligter Dritter**, es sei denn, sie bieten keine Gewähr dafür, dass die gefährliche Sache nicht wieder für strafbare Handlungen verwendet wird (§ 26 Abs 2).

Von der Einziehung ist als Ausfluss des Verhältnismäßigkeitsprinzips **abzusehen**, wenn der Berechtigte die besondere Beschaffenheit (**Gefährlichkeit**) der Gegenstände **beseitigt**, insbesondere indem er Vorrichtungen oder Kennzeichnungen entfernt oder unbrauchbar macht, die die Begehung mit Strafe bedrohter Handlungen erleichtern (§ 26 Abs 2).

Dazu ist dem Berechtigten angemessen Gelegenheit zu geben (14 Os 107/12k). Dies trifft aber nicht auf einen Angeklagte zu, der zum Besitz einer verbotene Waffe nicht berechtigt ist (13 Os 66/19h). Wenn hingegen kinderpornographisches Material vom Datenträger bzw Computer gelöscht werden kann, ist somit dessen Einziehung nicht zulässig (11 Os 163/10w und Anm *Salimi*, JBl 2011, 470; 12 Os 112/15k).

Eine Einziehung ist **unabhängig** von einer **Verurteilung** des Täters möglich (sog **objektives Verfahren**, § 445 StPO). Zuständig ist das Bezirksgericht des Tatortes bzw das Bezirksgericht, in dessen Sprengel sich der Gegenstand befindet. Bei Werten bis 1.000 € und bezüglich jener Sachen, deren Besitz allgemein verboten ist, kann die Entscheidung durch **Beschluss** ergehen, ansonsten nach öffentlicher mündlicher Verhandlung durch **Urteil** (§ 445a StPO).

Beispiel: A versucht, seine Frau mit einem Küchenmesser/einer Bundesheerwaffe umzubringen. Was passiert, wenn die Beweise für eine Verurteilung von A nicht ausreichen? *Vom Küchenmesser geht keine besondere Gefahr aus, es ist im Handel überall erhältlich, anders bei der Waffe, die nach § 26 eingezogen werden kann, notfalls auch im objektiven Verfahren ohne Verurteilung von A. Rechtsansprüche des Bundesheeres gehen dabei allerdings vor.*

F. Tätigkeitsverbot

1. Das Tätigkeitsverbot nach § 220b kann entweder

- die **Erziehung, Ausbildung oder Beaufsichtigung von Minderjährigen** oder
- die **Betreuung von gebrechlichen, kranken oder geistig behinderten Personen** umfassen sowie
- jeweils **vergleichbare Tätigkeiten** und solche, die sonst intensive Kontakte mit diesen Personen einschließen.

Es geht über ein Berufsverbot hinaus, weil nicht nur die erwerbsmäßige Ausübung, sondern auch eine ehrenamtliche oder eine solche im Rahmen eines Vereines oder einer anderen Einrichtung erfasst ist.

Das Tätigkeitsverbot besteht auf unbestimmte Zeit und beginnt mit Rechtskraft der Entscheidung. Der vorsätzliche **Verstoß** dagegen und die Beteiligung sind (als eigenes Sexualdelikt!) **strafbar** (§ 220b Abs 4)

Ein Tätigkeitsverbot ist nur in jenem Umfang zu erlassen, der zur Reduzierung der Gefährlichkeit des Täters notwendig ist. Daher ist zB ein generelles Unterrichtsverbot, das sich auch auf Erwachsenenbildung bezieht, nicht zulässig.

2. Anlasstat: Täter begeht

- strafbare Vorsatztat (somit schuldhaft!)
- des 1., 3. oder 10. Abschnitts des BT (Leib und Leben, Freiheit, Sexualdelikte)
- mit Strafdrohung über einem Jahr
- zum Nachteil einer minderjährigen oder wegen Gebrechlichkeit, Krankheit oder einer geistigen Behinderung wehrlosen Person.

3. Prognosetat: Es besteht die Gefahr, dass der Täter

- Gefahr, dass der Täter sonst
- unter Ausnützung einer ihm durch eine solche Tätigkeit gebotenen Gelegenheit
- eine (einzige) solche Tat (selbst mit leichten Folgen) begehen wird.

Die Anlasstat muss nicht unter Ausnützung der durch die zu verbietenden Tätigkeit gebotenen Gelegenheit verübt werden; der Täter muss diese Tätigkeit im Zeitpunkt der Anlasstat auch nicht ausgeübt haben.

G. Bedingte Nachsicht von vorbeugenden Maßnahmen

Eine bedingte Nachsicht von vorbeugenden Maßnahmen für eine Probezeit (siehe V.J.) ist nur bei der Unterbringung nach § 22 vorgesehen. Die bedingte Nachsicht anderer vorbeugender Maßnahmen ist unzulässig (§ 45 Abs 4).

Voraussetzungen (§ 45 Abs 2):
- Auch die verhängte Strafe ist bedingt nachzusehen (siehe II.J.);
- Gefährlichkeit des Täters kann hintangehalten werden (Überwindung der Sucht) durch
- bloße Androhung der Unterbringung
- allfällig in Verbindung mit Weisungen und/oder Bewährungshilfe.

Zum (vorläufigen) Absehen vom Vollzug der Unterbringung nach § 21 siehe V.B.5.

H. Aufrechterhalten von vorbeugenden Maßnahmen

Mit Freiheitsentziehung verbundene vorbeugende Maßnahmen und das Tätigkeitsverbot werden auf unbestimmte Zeit ausgesprochen. Eine Maßnahme nach § 22 endet jedenfalls nach **2 Jahren**, jene nach § 23 jedenfalls nach **10 Jahren** (bei Jugendstraftaten nach **5 Jahren**, wenn die Unterbringung vor dem 21. Geburtstag erfolgte). Bei Jugendstraftaten endet ein Maßnahme nach § 21 jedenfalls nach 15 Jahren. Sonst kann eine Einweisung nach § 21 oder ein Tätigkeitsverbot auch lebenslang gelten. Die Einziehung wirkt ihrer Natur nach endgültig.

Eine (vorläufige) Beendigung der Maßnahmen kann erfolgen durch
- Ablauf der Höchstdauer,
- (vorläufiges) Absehen vom Vollzug bei § 21 (siehe V.B.5.),
- (bedingte) Entlassung (siehe V.I.)
- Aufhebung.

Um die Verhältnismäßigkeit und das Ultima-Ratio-Prinzip zu wahren, hat das Gericht daher nicht nur bei Verhängung sondern auch während des Vollzugs in regelmäßigen Abständen **zu prüfen, ob** die **Gefährlichkeitsprognose** weiter besteht. Es hat darüber von Amts wegen zu entscheiden
- jedenfalls vor Beginn der Maßnahme nach § 23 (§ 24 Abs 2; dh nach Vollzug der vorangehenden Strafe),
- sonst vor Beginn einer Maßnahme nach §§ 21 bis 23, wenn sie nicht innerhalb von 3 Jahren ab Vollstreckbarkeit eingeleitet wurde (§ 157 Abs 2),
- mind halbjährlich bei § 22 (§ 25 Abs 4),
- mind jährlich bei §§ 21 und 23 (§ 25 Abs 3);
- mind alle 5 Jahre bei § 220b (§ 220b Abs 3).

Bei den freiheitsentziehenden Maßnahmen ist dabei zu berücksichtigen, dass die (halb)jährlichen Fristen mit der letzten Entscheidung erster Instanz beginnen

(§ 25 Abs 5), dh die neue Entscheidung (mit vorangehender Prüfung der jeweiligen Voraussetzungen) innerhalb der Frist liegen muss.

§§ 17b und 17c JGG enthalten Sonderbestimmungen für Jugendliche und junge Erwachsene.

Verletzt das Gericht diese Vorgaben, hat dies aber keine Auswirkungen auf die Gültigkeit der vorangegangenen Entscheidung.

Wenn nachträglich Umstände eintreten oder bekannt werden, wonach die Voraussetzungen für ein Tätigkeitsverbot nicht (mehr) vorliegen (zB nach erfolgreicher Therapie), ist das Verbot aufzuheben (§ 220b Abs 3).

I. Bedingte Entlassung aus vorbeugenden Maßnahmen

Nach § 21 Untergebrachte können nur bedingt für eine Probezeit entlassen werden. Nach §§ 22 und 23 Eingewiesene sind hingegen unbedingt zu entlassen, wenn die max Anhaltezeit abgelaufen ist oder eine weitere Entwöhnungsbehandlung Süchtiger keinen Erfolg verspräche. Der Täter ist allenfalls in den Strafvollzug zu überstellen (im Falle der Vikariierung; § 47 Abs 3).

Hat sich die Gefährlichkeitsprognose geändert, insbes.
- nach der Person, dem Verhalten und der Entwicklung des Täters,
- seinem Gesundheitszustand,
- seinem Vorleben,
- seinen Aussichten auf ein redliches Fortkommen,

so ist der Eingewiesene bedingt für eine Probezeit zu entlassen (§ 47 Abs 2). Zur Dauer der Probezeit siehe unten V.J. Zur Möglichkeit von Weisungen und Bewährungshilfe siehe oben II.L.

Dabei genügt, dass die zur Einweisung geführte qualifizierte Gefährlichkeit entfallen ist, weil die Gefahr der Begehung von Prognosetaten nicht mehr vorliegt oder die Wahrscheinlichkeit deren Begehung sich verringert hat. Dass die Gefährlichkeit des Täters zukünftig auszuschließen ist, ist nicht notwendig.

J. Probezeit

Die Probezeit dauert bei **Maßnahmen nach §§ 21 und 23**:
- 5 Jahre, wenn die Anlasstat mit nicht mehr als 10 Jahren Freiheitsstrafe bedroht ist,
- 10 Jahre, wenn die Anlasstat mit mehr als 10 Jahren Freiheitsstrafe bedroht ist (§§ 45 Abs 1, 48 Abs 2).

Bei **Entwöhnungsbedürftigen** (§ 22) beträgt die Probezeit:
- 1 bis 3 bzw 5 oder 10 Jahre (§ 45 Abs 2, bedingte Nachsicht; richtet sich nach jener der Strafe; siehe II.K.),

- 1 bis 5 Jahre (§ 48 Abs 2, bedingte Entlassung).

Bei **vorläufigem Absehen** vom Vollzug einer Maßnahme nach § 21 beträgt die Probezeit:

- 1 bis 5 Jahre (§ 157a Abs 4 StVG).

Eine **Verlängerung** der Probezeit ist bei Maßnahmen nach § 21 möglich:

- bei Verzicht auf den Widerruf der bedingten Entlassung auf höchstens
  - 15 Jahre, wenn die Probezeit zuvor 10 Jahre war,
  - 10 Jahre, wenn die Probezeit zuvor 5 Jahre war. Zugleich ist zu prüfen, ob allenfalls neue Weisungen bzw Bewährungshilfe anzuordnen sind (§ 54 Abs 2).
- vor Ablauf der Probezeit um höchstens 3 Jahre,
  - wenn besondere spezialpräventive Gründe bestehen (§ 54 Abs 3),
  - wenn beim vorläufigem Absehen vom Vollzug zwingend spezialpräventive Gründe bestehen (§ 157a Abs 5 StVG).

  Auch eine wiederholte Verlängerung ist zulässig. Zuvor ist aber ein ärztlicher oder psychologischer Sachverständiger zu hören, wenn die Probezeit einer bedingten Entlassung verlängert werden soll (§ 180 Abs 2 StVG).

Zur Berechnung der Probezeit siehe oben II.K.

K. Widerruf der bedingten Nachsicht oder Entlassung und des vorläufigen Absehens vom Vollzug

1. Die **bedingte Nachsicht** (§ 22) oder **Entlassung** (§§ 21 bis 23) ist zu widerrufen, wenn (§ 54 Abs 1):

- ein **Widerrufsgrund** des § 53 vorliegt (siehe oben II.N.):
- Nichtbefolgen von Weisungen,
- Entziehen aus dem Einfluss des Bewährungshelfers,
- Rückfall;
- **und** sich daraus ergibt, dass die **Gefährlichkeit** des Täters doch weiter besteht.

  Als Rückfallstat kommt nur eine strafbare, nicht bloß eine mit Strafe bedrohte Handlung in Betracht.

Ist ein Entzug von vornherein aussichtslos, ist die bedingte Entlassung aus einer Maßnahme nach § 22 nicht zu widerrufen (§ 54 Abs 6).

Erfolgt **kein Widerruf**, besteht aber Grund zur Annahme, dass ein nach § 21 Abs 1 (zurechnungsunfähig) Eingewiesener

- die Weisung nicht beachtet, sich medizinisch behandeln zu lassen, und
- deshalb stationär behandelt werden muss, um seine Gefährlichkeit hintanzuhalten,

hat die Sicherheitsbehörde nach Verständigung durch das Gericht den Betroffenen zum Amtsarzt zu bringen, der die Voraussetzungen einer Unterbringung gegen den Willen des Patienten nach dem Unterbringungsgesetz zu beurteilen hat (§ 54 Abs 4, § 9 UbG).

Das Gericht ist von den in der Folge getroffenen Maßnahmen zu unterrichten.

2. Das vorläufige **Absehen vom Vollzug** einer Maßnahme nach § 21 ist zu widerrufen, wenn (§ 157f StVG):

- die festgesetzten Bedingungen
- erheblich nicht eingehalten werden oder
- sich als unzureichend erweisen (insb. bei Verschlechterung des Gesundheitszustandes)
- **und** deshalb der Gefährlichkeit des Täters **nur stationär** entgegengewirkt werden kann.

Ein solcher Widerruf ist aber nicht zulässig, wenn dies durch Änderung bzw Ergänzung der Bedingungen oder eine Krisenintervention (§ 157g StVG) erreicht werden kann.

3. Der **Widerruf aufgrund Rückfalls** erfolgt grundsätzlich durch das Gericht, das über die neue Tat entscheidet; hinsichtlich einer Maßnahme nach § 21 kann dies aber nur durch ein Schöffen- oder Geschworenengericht erfolgen.

Wenn das erkennende Gericht nach diesen Regeln keinen Widerruf beschließen darf, hat es die Entscheidung dem Vorgericht zu überlassen (§ 494a Abs 2 StPO, § 179 Abs 2 StVG).

Vor der Entscheidung ist in die Vorakten Einsicht zu nehmen und der Angeklagte sowie der Bewährungshelfer, bei Widerruf der bedingten Nachsicht auch der Ankläger zu hören (§ 494a Abs 3 StPO, § 180 Abs 2 StVG). Von der Entscheidung sind alle Vorgerichte zu verständigen (§ 494a Abs 7 StPO).

Über den **Widerruf** (und jede Änderung) des **vorläufigen Absehens** vom Vollzug einer Maßnahme nach § 21 entscheidet der Vorsitzende des erkennenden Gerichts (§ 157j StVG).

VI. Strafausschließung und Strafaufhebung

Liegen zum Tatzeitpunkt Umstände vor, welche aufgrund gesetzlicher Anordnung die Strafbarkeit verhindern, spricht man von Strafausschließungsgründen. Diese finden sich vornehmlich im Besonderen Teil des StGB (zB §§ 136 Abs 4, 141 Abs 3, 150 Abs 3, 206 Abs 4, 207 Abs 4), aber auch im B-VG (Art 57, Immunität der Abgeordneten).

Sofern das Gesetz besagt, dass die Strafbarkeit durch **Umstände nach der Tat** entfällt, spricht man von **Strafaufhebungsgründen**. Solche sind im Allgemeinen Teil zu finden (zB Rücktritt vom Versuch, Vollstreckungs- und Strafbarkeitsverjährung, Tod des Täters) oder im Besonderen Teil (zB Tätige Reue) bzw im Nebenstrafrecht (zB Selbstanzeige nach § 29 FinStrG). Prozessuale Gründe sind Begnadigung, Abolition und Amnestie.

Nachfolgend werden nur einige der oben dargelegten Gründe näher erläutert. Die übrigen sind der jeweiligen Spezialmaterie zu entnehmen.

A. Strafbarkeitsverjährung

Literatur: *Anzenberger*, „Überlange Verfahrensdauer" nach § 58 Abs 3 Z 3 StGB: Opferschutz als Strafzweck?, RZ 2011, 164; *ders*, Keine Rückwirkung günstigeren Verjährungsrechts bei „rechtzeitiger" Hemmung der Verjährung?, JBl 2011, 91; *Durl*, Zur Verjährung und zum Dogma der Unbeachtlichkeit von Zwischengesetzen im Strafrecht, RZ 2005, 242 und 270; *ders*, Geänderte Verjährungsanlaufhemmung und § 61 StGB, JBl 2010, 156; *Maleczky*, Die unnötige Verlängerung der Verjährung von Delikten mit minderjährigen Opfern, iFamZ 2009, 232; *Eder-Rieder*, Verjährung von Sexualdelikten gegen Minderjährige nach Strafrecht und deren Entschädigungsansprüchen nach Privatrecht, JAP 2003/04, 133; *Prunner*, Keine Verjährungshemmung ohne bestimmten Täter, JAP 2012/2013/22.

Grundgedanke der Strafbarkeitsverjährung (Verfolgungsverjährung) ist primär, dass nach Ablauf einer längeren Zeit das **Strafbedürfnis** sowohl in spezial- als auch in generalpräventiver Hinsicht immer mehr **abnimmt**. Wer seine Resozialisierung unter Beweis gestellt hat, braucht wegen einer lang zurückliegenden Tat nicht verfolgt zu werden. Sekundär werden auch **prozessuale Erschwernisse** (Beweisschwierigkeiten, höheres Risiko von Fehlurteilen) ins Treffen geführt.

a) Verjährungsfristen

Keine Verjährung gibt es bei Taten nach dem 25. Hauptstück (**Kriegsverbrechen**) und jenen, die mit **„10 bis 20 Jahre oder lebenslang"** bedroht sind. Allerdings wird nach Ablauf von 20 Jahren die Strafdrohung „lebenslang" auf „10 bis 20 Jahre" reduziert (§ 57 Abs 1).

Die Berechnung dieser 20-jährigen Frist richtet sich nach den Regeln der Strafbarkeitsverjährung, im Nachfolgenden dargestellt.

Ansonsten werden die **Verjährungsfristen** abgestuft (§ 57 Abs 3):

- **20 Jahre** bei Strafdrohung von über 10 Jahren,
- **10 Jahre** bei Strafdrohung von über 5 Jahren und max 10 Jahren,
- **5 Jahre** bei Strafdrohung von über einem Jahr und max 5 Jahren,
- **3 Jahre** bei Strafdrohung von über 6 Monaten und max einem Jahr,
- **1 Jahr** bei Strafdrohung von bis zu 6 Monaten oder Geldstrafen.

Nach der Rsp sind die Strafdrohungen ohne Berücksichtigung des § 313 zu ermitteln (12 Os 148/81). Für Jugendstraftaten und Straftaten junger Erwachsenen modifizieren hingegen § 5 JGG und § 19 JGG die Strafdrohungen, sodass hier die Verjährung früher eintritt und Unverjährbarkeit ausscheidet. Bei § 287 richtet sich die Verjährungsfrist nicht nach der Rauschtat, sondern nach der Strafdrohung des § 287 (11 Os 121/11w). Auch wenn mehrere Taten nach § 29 eine Subsumtionseinheit bilden, ist die Verjährung für jede Tat (vorbehaltlich § 58 Abs 2 – siehe unten VI.A.b.3.) gesondert zu prüfen (14 Os 40/19t). Bei idealkonkurrierenden Delikten richtet sich die Verjährungsfrist nach der strengsten Strafdrohung (13 Os 169/99 und Anm *Burgstaller*, JBl 2001, 255; 11 Os 121/05m). Die Verjährung der Tat eines Entscheidungsträgers ist gesondert von jener der Verbandsverantwortlichkeit zu prüfen; diese verjähren jeweils gesondert (13 Os 119/18a).

Wegen verjährter Taten dürfen auch keine vorbeugende Maßnahme, kein Verfall und keine Abschöpfung der Bereicherung verhängt werden (§ 57 Abs 4).

b) Beginn der Frist

Die **Berechnung** der Frist richtet sich nach § 68. Demnach ist der Tag, an dem die Verjährungsfrist beginnt, nicht mitzuzählen; die Frist endet mit dem Ablauf des letzten Tages.

Beispiel: A begeht am 1.2.2019 Körperverletzung nach § 83 Abs 1 StGB. Die Strafdrohung beträgt ein Jahr Freiheitsstrafe. Die Verjährungsfrist ist daher 3 Jahre, beginnt am 1.2.2019 und endet somit mit Ablauf des 1.2.2022.

Die Frist beginnt zu laufen, sobald die Straftat abgeschlossen ist oder das strafbare Verhalten aufhört (§ 57 Abs 2); das ist der diesem Verhalten nachfolgende Tag (12 Os 15/78). **Ausnahme:** Nach § 58 Abs 3 Z 3 beginnt die Frist erst mit der Vollendung des **28. Lebensjahres** eines minderjährigen Opfers. Betroffen von dieser **Anlaufhemmung** sind alle

- Sexualstraftaten (10. Abschnitt des BT, §§ 201 bis 220b),
- strafbaren Handlungen gegen Leib und Leben (1. Abschnitt des BT, §§ 75 bis 95) und
- strafbaren Handlungen gegen die Freiheit (3. Abschnitt des BT, §§ 99 bis 110).

Übergangsregelungen: Diese Bestimmung gilt, soweit die Tat am 1.6.2009 (Inkrafttreten des 2. Gewaltschutzgesetzes) noch nicht verjährt war. Das StRÄG 1998 hatte zuvor normiert, dass bestimmte schwere Sexualstraftaten, die am 1.10.1998 noch nicht verjährt waren, erst mit der Volljährigkeit des Opfers zu verjähren beginnen. Zu berücksichtigen ist dabei die Vorverlegung der Volljährigkeitsgrenze von 19 auf 18 Jahre durch das KindRÄG 2001, sodass auch eine allfällig bis zum 1.7.2001 zwischen 18. und 19. Lebensjahr verbrachte Zeit in die Verjährungsfrist nicht einzurechnen ist.

Beispiel: A verschuldet alkoholisiert am 1.1.2009 fahrlässig einen Verkehrsunfall, bei dem der 2-jährige X leicht verletzt wird. *Die Tat (§ 88 Abs 3, Strafdrohung bis 6 Monate) hätte eine Verjährungsfrist von einem Jahr, war am 1.6.2009 noch nicht verjährt und ist von Amts wegen nicht bis Ende 2009, sondern bis zur Vollendung des 29. Lebensjahres des X, also bis ins Jahr 2036, zu verfolgen.*

Beispiel: A vergewaltigt die am 1.1.1983 geborene Y am 1.1.1993. *Die 10-jährige Verjährungsfrist war am 1.10.1998 erst mit 5 Jahren und 9 Monaten verflossen. Sie begann am 1.7.2001 (Zeitpunkt der Volljährigkeit durch Vorverlegung der Grenze durch das KindRÄG 2001) neu und endete daher erst mit Ablauf des 1.7.2011 (siehe auch unten Abschnitt d).*

c) Verlängerung der Frist

1. Tritt der **Erfolg** erst **nach** dem **Abschluss der Handlung** ein, verjährt die Tat entweder vom Erfolgseintritt an gerechnet in normaler Frist oder vom Handlungszeitpunkt an gerechnet mit 1 1/2-facher Frist (mind aber 3 Jahre), je nachdem, welcher Zeitpunkt früher eintritt (§ 58 Abs 1, **Ablaufhemmung**).

Beispiel: A gibt am 1.1.2020 im Buchhaltungscomputer der Firma X einen Zahlungsauftrag in der Höhe von 10.000 € zugunsten seines Kontos ein (Handlungszeitpunkt), der erst später durchgeführt werden soll. Er erhält am 1.1.2022/1.1.2024 das Geld (Schadenszeitpunkt). *§ 147 Abs 2 bzw § 148a Abs 2 1. Fall bedroht die Handlung mit Freiheitsstrafe von bis zu 3 Jahren, daher beträgt die Verjährungsfrist 5 Jahre (§ 57 Abs 3). Vom Handlungszeitpunkt an gerechnet würde die Tat daher mit Ablauf 2024 verjähren. Da der Erfolgszeitpunkt aber zwei bzw vier Jahre später liegt, ist gem § 58 zu prüfen: Ist die normale Frist (5 Jahre) ab Erfolgseintritt (= Ende 2026 bzw 2028) oder die 1 1/2 fache Frist (7 1/2 Jahre) ab Handlungszeitpunkt (= 30.6.2027) günstiger? Nur im zweiten Fall (Schadenszeitpunkt 1.1.2024) wäre die zweite Verjährungsalternative um 1 1/2 Jahre günstiger und damit maßgebend.*

2. Begeht der Täter eine neue Tat, die auf der **gleichen schädlichen Neigung** beruht, so verjährt die alte Tat nicht vor der neuen Tat (§ 58 Abs 2, **Ablaufhemmung**).

Zur gleichen schädlichen Neigung siehe § 71 und oben II.C.c.3.

3. In die Frist **nicht einzurechnen** ist die Zeit (§ 58 Abs 3, **Fortlaufhemmung**):

- einer Probezeit oder Frist im Rahmen einer Diversion zur Leistung eines Geldbetrages, Schadensgutmachung, zu einem Tatfolgenausgleich oder einer gemeinnützigen Leistung;
- zwischen Ersuchen der Staatsanwaltschaft zur Durchführung eines Tatausgleiches nach § 204 StPO bis zur Mitteilung des Konfliktreglers über das Ergebnis eines solchen;

- in der die Verfolgung nicht eingeleitet oder fortgesetzt werden kann (zB Immunität);
- zwischen erstmaliger Vernehmung als Beschuldigter bzw Androhung oder Anwendung von Zwang (§ 93 StPO) sowie Einbringung der Anklage (bzw vergleichbare Maßnahme der Europäischen StA) und der rechtskräftigen Beendigung des Verfahrens;
- zwischen der Anordnung oder Beantragung der Fahndung, Festnahme, Untersuchungshaft oder Ermittlungsmaßnahmen und Beweisaufnahmen nach dem 8. Hauptstück der StPO (§§ 109 bis 166 StPO) und der rechtskräftigen Beendigung des Verfahrens.

Betreffen diese Verfolgungshandlungen aber andere Taten, hindern sie den Fortlauf der Verjährungsfrist der zu beurteilenden Tat nicht. Eine Hemmung der Verjährungsfrist setzt überdies voraus, dass das Verfahren gegen einen bestimmten Täter geführt wird (und nicht gegen einen unbekannten); wenn lediglich ein DNA-Profil, aber nicht die (sonstige) Identität bekannt ist, reicht das nicht (14 Os 23/12g).

Ein Antrag auf Fortführung gem § 195 StPO hemmt die Verjährungsfrist ebenso wenig wie die Bewilligung dieses Antrags (15 Os 80/09t). Die Einbringung der (Privat-)Anklage bewirkt auch dann eine Hemmung der Frist, wenn sie beim örtlich unzuständigen Gericht erfolgt (15 Os 40/13s).

d) Rechtsänderungen

Verjährungsfristen sind nach jenen Regeln zu berechnen, die zum Urteilszeitpunkt bestehen. Eine nach alter Rechtslage bereits **erloschene Strafbarkeit lebt** aber durch Rechtsänderung **nicht wieder auf**. Dies kann zu einer (auch sukzessiven) Verlängerung der Verjährungsfristen führen.

Beispiel: A vergewaltigt die 3-jährige X (geb 15.11.1985) am 1.9.1988/1.11.1988. *Aufgrund der Strafdrohung des § 201 Abs 1 (bis 10 Jahre) verjährt die Tat grundsätzlich nach 10 Jahren. Da mit Inkrafttreten des StRÄG 1998 am 1.10.1998 die Tat vom 1.9.1988 (nach der alten Rechtslage) bereits verjährt war, besteht seither kein Strafanspruch mehr. Die Tat vom 1.11.1988 war hingegen am 1.10.1998 noch nicht verjährt; die Verjährungsfrist war zu diesem Zeitpunkt erst 9 Jahre und 11 Monate verstrichen, und begann am 15.11.2003 (18. Geburtstag der X) neu zu laufen. Die Frist war daher am 1.9.2009 (Inkrafttreten des 2. Gewaltschutzgesetzes) noch nicht abgelaufen. Seit diesem Zeitpunkt verjährt die Tat vom 1.11.1988 daher erst 10 Jahre nach dem 28. Geburtstag der X, also mit Ablauf des 15.11.2023.*

Wurde nach alter Rechtslage die **Verjährungsfrist gehemmt**, so bleibt diese Hemmung selbst dann **aufrecht**, wenn die Verjährungsfrist nach neuer Rechtslage im Zeitpunkt der Hemmung bereits abgelaufen wäre (§ 58 Abs 3a).

Beispiel: A stiehlt 45.000 € am 1.2.2002. Er wird am 14.12.2004 erstmals von der Polizei als Beschuldigter vernommen, flüchtet aber, sodass das Verfahren abgebrochen und A zur Fahndung ausgeschrieben wird. *Mit Inkrafttreten des Budgetbegleitgesetzes 2005 am 1.1.2005 wurden die Wertgrenzen auf 50.000 € erhöht, sodass die Strafdrohung auf max 3 Jahre sank (Verjährungsfrist 5 Jahre). In der Hauptverhandlung am 15.7.2015 kann sich A nicht auf Verjährung berufen, weil die ursprüngliche Verjährungsfrist vor dem 1.1.2005 gehemmt wurde.*

Beachte: Gem §§ 1, 61 StGB darf über A aber keine strengere Strafe als zum Urteilszeitpunkt angedroht verhängt werden. Die Verlängerung von noch aufrechten Verjährungsfristen verstößt nach der Rsp der EGMR nicht gegen Art 7 EMRK (Scoppola v. Italien Nr. 2, Nr. 10249/03; Coeme v. Belgien, Nr. 32492/96).

Wird die **Tat zwischenzeitig straflos**, ist aber im Urteilszeitpunkt wieder strafbar, so ist die Verjährungsfrist während der Zeit der Straflosigkeit nicht gehemmt, weil in dieser Zeit kein Strafverfahren anhängig ist.

Nach der besonderen **Übergangsregel des StRÄG 2015** (Art 12 § 2) ist die Dauer der Verjährungsfrist für Straftaten, für die am 31.12.2015 bereits ein Ermittlungsverfahren anhängig waren, nach der zu diesem Zeitpunkt geltenden Rechtslage zu berechnen.

Beispiel: A stiehlt 60.000 € am 1.2.2007. Er wird erstmals am 15.3.2013 von der Polizei als Beschuldigter vernommen. Er muss sich erst am 13.7.2018 vor Gericht verantworten. *Zum Tatzeitpunkt war die Tat gem § 128 Abs 2 mit max 10 Jahren bedroht (Verjährungsfrist 10 Jahre). Mit Inkrafttreten des StRÄG 2015 am 1.1.2016 wurde die Strafdrohung für die Tat auf 3 Jahre reduziert (§ 128 Abs 1, Verjährungsfrist 5 Jahre). Da das Strafverfahren mit der Einvernahme des A erst 5 Jahre nach der Tat, aber innerhalb der damals noch aufrechten 10-jährigen Verjährungsfrist gehemmt wurde, und die Dauer der Verjährungsfrist nach altem Recht zu berechnen ist, kann sich A nicht auf nunmehrige Strafaufhebung berufen.*

B. Vollstreckungsverjährung

Eine strafgerichtliche Sanktion bzw Maßnahme kann nur vollzogen werden, wenn die Frist für die Vollstreckungsverjährung noch nicht abgelaufen ist. Danach besteht kein präventives Bedürfnis mehr auf Bestrafung.

Keine Verjährung gibt es bei (§ 59 Abs 1):

- Taten nach dem 25. Hauptstücke (Kriegsverbrechen),
- lebenslangen und mehr als 10-jährigen Freiheitsstrafen sowie
- vorbeugenden Maßnahmen nach §§ 21 und 23.

Ansonsten sind abgestuft **Fristen** vorgesehen (§ 59 Abs 3; § 12 Abs 3 VbVG):

- **15 Jahre** bei Freiheitsstrafen von über einem und max 10 Jahren und bei Verbandsgeldbußen von über 100 Tagessätzen,
- **10 Jahre** bei Freiheitsstrafen von mehr als 3 Monaten und max einem Jahr, bei Geldstrafen, für die eine Ersatzfreiheitsstrafe von mehr als 3 Monaten bestimmt wird (also mehr als 180 Tagessätze), oder bei Verbandsgeldbußen von mehr als 50 und max 100 Tagessätzen,
- **5 Jahre** bei allen anderen Strafen, Verbandsgeldbußen, vorbeugenden Maßnahmen und vermögensrechtlichen Anordnungen.

Bei gleichzeitiger Verurteilung zu **mehreren Strafen bzw Maßnahmen** richtet sich die Verjährungsfrist nach der jeweils längsten Frist. Wurde neben der Freiheitsstrafe auch eine Geldstrafe verhängt, ist zur Ermittlung der Frist die Ersatzfreiheitsstrafe zur Freiheitsstrafe hinzuzurechnen (§ 59 Abs 4).

Str ist, ob bei Zusammentreffen von unverjährbaren und verjährbaren Rechtsfolgen auch Letztere unverjährbar werden.

Die Verjährungsfrist **beginnt mit Rechtskraft** der Entscheidung, in der auf die Strafe bzw Maßnahme erkannt worden ist (§ 59 Abs 2). Dies gilt auch im Fall einer nachträglichen Milderung oder bedingten Nachsicht (13 Os 132/05v).

Ablaufshemmung (§ 60 Abs 1): Wird der Täter innerhalb der Verjährungsfrist neuerlich verurteilt, verjährt die alte Strafe bzw Maßnahme nicht, bevor auch die neue verjährt ist.

Die neue Tat muss nicht innerhalb der Verjährungsfrist der alten Strafe liegen, sondern kann auch vor deren Beginn begangen worden sein (13 Os 133/84).

In die Frist **nicht einrechenbare Zeiten** sind (§ 60 Abs 2):

- Probezeiten,
- Aufschub des Vollzugs,
- behördliche Anhaltung und
- Auslandsaufenthalt.

Beispiel: A wird zu 10 Jahren Haft verurteilt. Er flüchtet und taucht im Inland/im Ausland unter. Die Verjährungsfrist beträgt 15 Jahre (§ 59 Abs 3 1. Fall). Hält sich A allerdings im Ausland auf, läuft die Frist in dieser Zeit nicht weiter.

Die Verjährungsfrist wird durch den Vollzug einer Freiheitsstrafe oder vorbeugenden Maßnahme nach §§ 21 bis 23 **unterbrochen**. Hört der Vollzug auf, ohne dass der Täter endgültig entlassen worden ist, beginnt die Verjährungsfrist neu zu laufen (§ 60 Abs 4).

C. Amnestie, Abolition, Begnadigung

Literatur: *Haindl*, Amnestiegesetzgebung und Gnadenpraxis in Österreich, ÖJZ 2000, 419; *Hollaender*, Gnade vor Recht!, AnwBl 2017, 708; *Niederleitner*, Zur strafrechtlichen Begnadigung in Österreich, JSt 2021, 389.

Verurteilte können generell durch Gesetz vom Verbüßen ihrer Strafe befreit werden (**Amnestie** nach Art 93 B-VG). Bei Offizialdelikten kann der Bundespräsident auch ein laufendes Verfahren niederschlagen (**Abolition** nach Art 65 B-VG), was ein Verfolgungshindernis darstellt.

Eine **Begnadigung** erfolgt individuell durch Verwaltungsakt des Bundespräsidenten (Art 65 B-VG). Auch **Teilbegnadigungen** und **Umwandlungen** in eine mildere Strafart oder ein milderes Strafausmaß sind möglich. Im Übrigen kann eine Straftat auch gnadenweise **getilgt** werden.

Auch bereits vollstreckte Strafen, also primär Geldstrafen, können von einer Begnadigung erfasst werden, sofern die Entschließung des Bundespräsidenten dies ausdrücklich so anordnet. Andernfalls vermag die Begnadigung auf bereits vollstreckte Strafen keine Wirkung zu entfalten (12 Os 128/04).

Die **Verfahrensregeln** für die Begnadigung finden sich im 26. Hauptstück der StPO (§§ 507 bis 513 StPO). Eine Begnadigung durch den Bundespräsidenten kann nur auf **Vorschlag der Bundesregierung** (oder des von ihr ermächtigten Bundesministers für Justiz) stattfinden. In gleicher Weise kann eine **Hemmung** des Vollzugs bis zur Entscheidung angeordnet werden, welche ohne neuerlichen Ausspruch spätestens nach 6 Monaten endet. Gnadengesuche kann jedermann (nicht nur der Verurteilte) beim BMJ einbringen, das Erhebungen (zB durch Sicherheitsbehörden oder die Staatsanwaltschaft) durchführen und allenfalls auch den Gerichten und der Staatsanwaltschaft Gelegenheit zur Stellungnahme geben kann.

Für das Verfahren ist das AVG (mit Ausnahme va der Bestimmungen über Bescheide und den Rechtsschutz) anzuwenden. Der Verurteilte hat aber jedenfalls das Recht auf Akteneinsicht (§ 17 AVG) und Ablehnung eines Sachverständigen (§ 53 AVG). Es kommt aber niemandem Parteistellung iSd § 8 AVG zu, und es besteht kein subjektives Recht auf Erstattung eines Gnadenvorschlags.

VII. Evidenthaltung strafgerichtlicher Verurteilungen

A. Strafregister

a) Eingetragene Daten

Um in Strafverfahren oder bestimmten Verwaltungsverfahren (zB nach dem WaffenG oder der GewO) allfällige Vorstrafen einer bestimmten Person berücksichtigen zu können, ist zur Evidenthaltung strafgerichtlicher Verurteilungen ein automationsunterstütztes **Strafregister** eingerichtet. Es wird zentral von der Landespolizeidirektion Wien geführt. Eingetragen werden jede **rechtskräftige strafgerichtliche Verurteilung** und damit zusammenhängende Entscheidungen, unabhängig davon, ob und welche Sanktion verhängt wird (zB § 12 JGG, bedingte Nachsicht und Entlassung, Begnadigung usw). Auch bestimmte ausländische Entscheidungen werden eingetragen, va sofern dadurch Österreicher oder Personen mit inländischem Wohnsitz oder gewöhnlichem Aufenthalt betroffen sind (§ 2 StRegG).

Als Verurteilung kommt nur eine Entscheidung nach der StPO unter Beachtung der Grundsätze des Art 6 MRK in Betracht (§ 1a Z 1 StrRegG). Diversionelle Entscheidungen setzen hingegen keine Feststellung der Schuld voraus und können in das Strafregister nicht aufgenommen werden. Mangels Rechtsgrundlage werden auch verurteilte Verbände ins Strafregister nicht eingetragen.

Verurteilungen durch inländische Gerichte sind von diesen mittels **Strafkarte** der Landespolizeidirektion Wien bekanntzugeben. Andere Entscheidungen sind mit gesondertem Formblatt mitzuteilen. Erlangen Strafgerichte, Behörden oder Ämter Kenntnis von Änderungen der persönlichen Verhältnisse eines Verurteilten oder von **unrichtigen Daten** im Strafregister, haben sie dies zu **melden**. Stirbt eine im Strafregister eingetragene Person, so haben Behörden und Ämter dies der Landespolizeidirektion Wien und diese es in bestimmten Fällen dem betroffenen Strafgericht mitzuteilen (§§ 3 bis 6 StRegG).

Die Daten des Strafregisters werden **2 Jahre nach der Tilgung gelöscht** (§ 12 StRegG).

Eine Ausnahme bildet das Tätigkeitsverbot nach § 220b, das sofort nach Beendigung zu löschen ist.

Rechtsschutz: Wurde eine Eintragung im Strafregister zu Unrecht (nicht) aufgenommen, so kann der Betroffene die **Richtigstellung** beantragen (§ 8 StRegG).

b) Auskunft aus dem Strafregister

Da Strafregisterdaten nur zum Einsatz bestimmter Zwecke verwendet werden dürfen, ist die Auskunft aus dem Strafregister streng geregelt. Dies dient sowohl der Resozialisierung des Täters als auch dem Grundrecht auf Datenschutz.

1. Eine **Strafregisterauskunft** darf daher nur erteilt werden, wenn dies gesetzlich oder aufgrund zwischenstaatlicher Vereinbarung vorgesehen ist. Nach § 9 StRegG erfolgen Auskünfte nur gegenüber

- inländischen Behörden,
- Dienststellen der Bundespolizei,
- militärischen Kommanden hinsichtlich der Angehörigen des Bundesheeres
- Behörden eines EU-Staates zum Zwecke der Sicherheitsverwaltung (zu anderen Zwecken nur, soweit Gegenseitigkeit besteht),

  Aufgrund der Rahmenbeschlüsse 2009/315/IJ und 2009/316/JI des Rates über die Durchführung und den Inhalt des Austausches von Informationen aus dem Strafregister zwischen den Mitgliedstaaten und zur Errichtung des Europäischen Strafregisterinformationssystems (ECRIS) und deren innerstaatlichen Umsetzung wird kein zentrales europäisches Strafregister geschaffen, sondern der Informationsaustausch zwischen den einzelnen nationalen Strafregistern erleichtert und beschleunigt.

- ausländischen Behörden, soweit Gegenseitigkeit besteht und
- Kinder- und Jugendhilfeträger sowie Vereine und Einrichtungen zur Betreuung von gebrechlichen, kranken oder geistig behinderten Personen, wenn eine konkrete Gefährdung solcher Personen durch eine bestimmte Person vermieden oder abgewendet werden soll.

2. § 6 TilgG **beschränkt** die **Auskunft**. In diesem Fall darf Auskunft nur bei Strafverfahren (inkl Strafvollzug und Begnadigung), bestimmten zivilgerichtlichen Verfahren (insb Pflegschafts- und Erwachsenenschutzsachen), bei konkreten Gefährdungen gegenüber Kinder- und Jugendhilfeträgern sowie Vereinen und Einrichtungen zur Betreuung von gebrechlichen, kranken oder geistig behinderten Personen, bei verwaltungsbehördlichen Finanzstrafverfahren oder anderen bestimmten Verwaltungsverfahren (WaffenG, PassG, FremdenpolG, StaatsbürgerschaftsG uä) erteilt werden. Diese Beschränkung besteht **sofort** (dh bereits ab Rechtskraft des Urteils), wenn

- der Täter zu keiner strengeren Strafe als max **3 Monaten** (bei Jugendstraftat und Straftaten junger Erwachsenen 6 Monaten) Haft verurteilt oder
- eine Maßnahme nach § 21 Abs 1 angeordnet wird;
- bei Geldstrafen ist die Höhe der Ersatzfreiheitsstrafe maßgeblich. Werden neben Geld- auch Freiheitsstrafen verhängt, sind die Ersatzfreiheitsstrafe und die Freiheitsstrafe zusammenzurechnen.

3 Jahre nach Beginn der Tilgungsfrist, wenn

- der Täter zu keiner strengeren Strafe als max 6 Monaten (bei Jugendstraftat und Straftaten junger Erwachsenen bis zu einem Jahr) Haft verurteilt wird.

Bei bedingter Strafnachsicht oder bedingter Entlassung tritt die beschränkte Auskunft erst nach Rechtskraft dieser Entscheidung ein (§ 6 Abs 3 TilgG). Zur komplizierten Regelung bei mehreren Verurteilungen siehe § 6 Abs 6 TilgG.

Überdies sind **Daten** in Auskünften **nicht** mehr **anzuführen**, wenn die Person das **90. Lebensjahr** vollendet hat oder **seit 5 Jahren tot** ist (§ 11 Abs 1 StRegG).

3. Bestimmte Deliktsgruppen sind zum Zwecke der Beauskunftung besonders gekennzeichnet. Das sind gem § 2 Abs 1a und 1b StRegG einerseits **Sexualdelikte** (§§ 201 bis 220b) und andererseits **terroristische und staatsfeindliche Delikte sowie Kriegsverbrechen** (§§ 278b bis 278g, 282a, 246 bis 246b, 321 bis 321k). Für diese Delikte bestehen besondere Bestimmungen über **Sonderauskünfte** (§§ 9a und 9d StRegG).

Es sind allfällige Weisungen, gerichtliche Aufsicht und Tätigkeitsverbote ebenso ins Strafregister aufzunehmen wie der Wohnort, der nach der Entlassung durch Abfrage im zentralen Melderegister alle 6 Monate zu aktualisieren ist. Im Falle eines Wohnsitzwechsels sind die örtlich betroffenen Sicherheitsbehörden zu verständigen (§ 3 Abs 2a StRegG)

Diese Daten sind **nur Gerichten und bestimmten Behörden** zum Zwecke der Vollziehung in § 9 Abs 1 und § 9d Abs 1 StRegG genannten Angelegenheiten mitzuteilen. Auf diese Weise soll einerseits die Überwachung der Täter durch die Sicherheitsbehörden und andererseits präventive Maßnahmen durch Lockerung des Datenschutzes ermöglicht werden. Schulen, pädagogische oder pflegerische Einrichtungen bzw Gebietskörperschaften und Arbeitgeber im Bereich kritischer Infrastruktur können auf diese Weise einzustellende Mitarbeiter überprüfen.

Diese Sonderauskünfte unterliegen nicht der Auskunftsbeschränkung nach § 6 TilgG.

c) Strafregisterbescheinigung

1. Eine **Strafregisterbescheinigung** (§ 10 StRegG) kann jedermann nur für seine eigene Person beim Bürgermeister bzw der Landespolizeidirektion beantragen. Wird nach ihm gefahndet, bekommt er eine solche Bescheinigung nicht ausgestellt. Sonderdaten der Sexualstraftäter werden in dieser nicht aufgenommen. Ist der Antragsteller nicht vorbestraft oder unterliegen die Verurteilungen der beschränkten Auskunft, so hat die Bescheinigung zu lauten: „Im Strafregister der Republik Österreich – geführt von der Landespolizeidirektion Wien – scheint keine Verurteilung auf“ (§ 11 StRegG).

Dies gilt auch nach dem 90. Lebensjahr des Antragstellers. Die örtliche Zuständigkeit zur Ausstellung dieser Bescheinigung richtet sich nach dessen Aufenthaltsort (§ 10 Abs 2 StRegG). Verlangt jemand eine Auskunft nach Art 15 DSGVO, so ergeht die Antwort in Form einer Strafregisterbescheinigung (§ 10 Abs 4 StRegG).

Beantragt ein Ausländer oder Doppelstaatsbürger eine Strafregisterbescheinigung, so hat die zuständige Behörde bei der Ausstellung der Bescheinigung über die Landespolizeidirektion Wien – aber nur, wenn der Antragsteller dies wünscht – Informationen aus dem Strafregister des Herkunftsstaates einzuholen und den Antragsteller davon zu informieren (§§ 10a, 10c StrRegG). Die so erlangten Informationen dürfen nicht im österreichischen Strafregister gespeichert werden.

2. Besondere Strafregisterbescheinigungen, nämlich **„Kinder- und Jugendfürsorge", „Pflege und Betreuung"** sowie **„Terroristische und staatsfeindliche Strafsachen sowie Völkermord, Verbrechen gegen die Menschlichkeit, Kriegsverbrechen"** umfassen auch alle für Sexualstraftäter bzw Terroristen, Staatsfeinde und Kriegsverbrecher eingetragene Daten (siehe oben b. 3.). Für diese gelten die Auskunftsbeschränkungen des § 6 TilgG nicht. Diese Bescheinigung wird nur demjenigen ausgestellt, der nachweislich zur Vorlage einer solchen aufgefordert wurde, weil zu prüfen ist, ob er für die Beaufsichtigung bzw Betreuung von minderjährigen bzw gebrechlichen, kranken oder geistig behinderten Personen bzw für Tätigkeiten im Bereich der kritischen Infrastruktur, Sicherheits-, Waffen- oder Sprenggewerbe geeignet ist (§ 10 Abs 1a bis 1f StRegG).

d) Registerauskünfte für Verbände

Da Verbände im Falle einer Verurteilung nach dem VbVG nicht ins Strafregister eingetragen werden, können sie auch keine Strafregisterbescheinigung bekommen. Sie können aber bei der Zentralen Staatsanwaltschaft zur Verfolgung von Wirtschaftsstrafsachen und Korruption gem § 89m GOG eine **Auskunft aus dem elektronischen Register** der Justiz beantragen, ob gegen sie ein Strafverfahren geführt wird und ob sie bisher verurteilt wurden. Diese Auskunft können Verbände dann bei anderen Stellen vorlegen (zB bei Teilnahme an Ausschreibungen).

B. Tilgung

1. Mit der Tilgung erlöschen ex lege alle Rechtsfolgen, und der Verurteilte gilt fortan als unbescholten und nicht vorbestraft (§ 1 TilgG). Die Tilgungsfristen richten sich nach der Höhe der Verurteilung (§ 3 TilgG):

- **3 Jahre** bei Verurteilungen nach §§ 12, 13 JGG;
- **5 Jahre** bei sonstigen Verurteilungen wegen Jugendstraftaten sowie zu einer Geldstrafe oder höchstens einjährigen Freiheitsstrafe;
- **10 Jahre** bei Verurteilungen zu einer höchstens 3-jährigen Freiheitsstrafe;
- **15 Jahre** bei Verurteilungen zu mehr als 3 Jahren Freiheitsstrafe oder bei Anordnung einer Unterbringung nach § 21 Abs 1.

Sind eine Freiheits- und eine Geldstrafe nebeneinander verhängt, ist zur Fristberechnung die Ersatzfreiheitsstrafe zur Freiheitsstrafe hinzuzurechnen (§ 3 Abs 2 TilgG).

Mehrere Straftaten können **nur gemeinsam** getilgt werden (§ 4 TilgG; komplizierte Regelung). Die lebenslange Freiheitsstrafe wird nicht getilgt und schließt auch die Tilgung aller anderen Verurteilungen aus (§ 5 Abs 1 TilgG).

Die **Tilgungsfrist beginnt**, sobald die Strafe vollzogen ist, als vollzogen gilt, nachgesehen wurde oder nicht mehr vollzogen werden darf. Wurde keine Strafe verhängt oder wurde sie durch Anrechnung vollständig verbüßt, so beginnt die Frist mit Rechtskraft des Urteils (§ 2 TilgG). Zu ausländischen Verurteilungen siehe § 7 TilgG.

Nicht getilgt werden können:

- lebenslange Freiheitsstrafen; diese schließt auch die Tilgung sämtlicher anderer Verurteilungen aus (§ 5 Abs 1 TilgG);
- Freiheitsstrafen über 5 Jahren wegen eines Sexualdelikts (10. Abschnitt des BT).
  In diesem Fall kann die Tilgung aber durch das Gericht auf Antrag des Verurteilten ausgesprochen werden. Dies ist frühestens 15 Jahre nach Beginn der regulären Tilgungsfrist möglich; bei Abweisung des Antrags, kann ein neuer Antrag frühestens nach 5 Jahren gestellt werden (§ 5 Abs 2 TilgG).

2. Sondertilgungsfristen für Sexualstraftaten (§ 4a TilgG):

Die Sondertilgungsfristen für Sexualdelikte (10. Abschnitt des BT, §§ 201 bis 220b) laufen unabhängig von den übrigen (§ 4 Abs 4a TilgG) und betragen

- bei Verurteilung zu unbedingter Freiheitsstrafe oder Unterbringung nach § 21 Abs 1 das **1 1/2-fache** der normalen Frist,
- bei §§ 201 bis 207b das **Doppelte**;
- Verurteilungen zu mehr als 5 Jahren Freiheitsstrafe werden **nicht getilgt**.

Über Antrag des Verurteilten kann das Gericht nach Ablauf der normalen Frist, bei untilgbaren nach 15 Jahren, die **vorzeitige Tilgung** anordnen, wenn dies unter Berücksichtigung der gesamten Umstände, insbes der Persönlichkeit der Täters und seiner Entwicklung, gerechtfertigt ist.

Wird der Antrag abgewiesen, kann er frühestens nach 5 Jahren (ab Rechtskraft) neuerlich gestellt werden.

VIII. Konkurrenz

A. Echte Konkurrenz

Literatur: *Zacharias*, Die Konkurrenzen im Strafrecht, JAP 1993/94, 200; *Wegscheider*, Die echte Konkurrenz im Strafrecht, ÖJZ 1980, 617.

1. Unter Konkurrenz versteht man das **Zusammentreffen mehrerer Delikte**. Man unterscheidet zwischen Ideal- und Realkonkurrenz sowie gleichartiger und ungleichartiger Konkurrenz. Zur Scheinkonkurrenz siehe unten VIII.D.

Idealkonkurrenz liegt vor, wenn durch eine auf einem Willensakt beruhende Handlung mehrere Delikte erfüllt werden. Verwirklicht der Täter Delikte derselben Art, bezeichnet man dies als **gleichartige** Konkurrenz (zB fahrlässige Tötung mehrerer Personen durch einen Verkehrsunfall). Werden hingegen Delikte verschiedener Art erfüllt, geht man von **ungleichartiger** Konkurrenz aus (zB fahrlässige Tötung und Körperverletzung durch einen Verkehrsunfall).

Realkonkurrenz hingegen bedeutet, dass durch verschiedene Handlungen mehrere Delikte verwirklicht werden. Auch die Realkonkurrenz kann gleichartig (zB mehrere Diebstähle) oder ungleichartig (Diebstahl und Betrug) sein.

Richtet der Täter innerhalb kurzer Zeit mehrere aufeinanderfolgende Tathandlungen gegen dasselbe Objekt, liegt Realkonkurrenz (und nicht eine einheitliche Tat) vor, wenn diese Handlungen auf gesonderten Willensentschlüssen beruhen (12 Os 80/90). Schlägt der Täter hingegen plangemäß solange auf das Opfer ein, bis es stirbt, besteht eine tatbestandliche Handlungseinheit (dh eine einzige Tat).

2. Im Strafverfahren herrscht grundsätzlich **kein Kumulationsprinzip** (wie im Verwaltungsstrafverfahren), sondern das **Absorptionsprinzip** (§ 28): Ist gleichzeitig über konkurrierende Delikte abzusprechen, ist die strengste Strafdrohung der jeweiligen Delikte maßgebend. Tatmehrheit (unabhängig davon, ob Ideal- oder Realkonkurrenz vorliegt) ist ein Erschwerungsgrund (§ 33 Z 1), hat nach § 28 aber keine Konsequenzen für den Strafrahmen.

a) Sind bei den einzelnen Delikten **gleichartige Strafen** vorgesehen, so ist gem § 28 Abs 1 nur eine einzige Strafe zu verhängen, wobei die höchste Untergrenze der einzelnen Strafdrohungen nicht unterschritten werden darf. § 28 Abs 1 ist nach hM auch anzuwenden, wenn die Strafdrohung „Freiheits- oder Geldstrafe" der Strafdrohung „Freiheitsstrafe" gegenübersteht.

Beispiel: A begeht § 125 (bis zu 6 Monate Freiheitsstrafe oder bis zu 360 Tagessätze Geldstrafe) und § 84 Abs 1 (bis zu 3 Jahre Freiheitsstrafe). *Hier ist nach § 28 Abs 1 eine Freiheitsstrafe von bis zu 3 Jahren zu verhängen.*

Beispiel: Der Jugendliche A wird wegen § 88 Abs 1 verurteilt, der Ausspruch einer Strafe nach § 13 JGG vorbehalten. Als A innerhalb der Probezeit wegen § 84 zu einer bedingten Freiheitsstrafe verurteilt wird, verhängt das Gericht wegen der ersten Tat nach § 15 JGG eine unbedingte Geldstrafe. *Dies widerspricht § 28, der auch bei*

Delikten zur Anwendung kommt, die jeweils wahlweise Geld- oder Freiheitsstrafe androhen. Über A hätte daher nach dem Absorptionsprinzip nur eine einzige Strafe (nämlich Freiheitsstrafe) verhängt werden dürfen (13 Os 137/97).

Werden realkonkurrierende Taten gemeinsam abgeurteilt, die einerseits als Jugendlicher, andererseits als junger Erwachsener oder Erwachsener begangen wurden, so sind zunächst die Strafdrohungen der Jugendstraftaten, der Taten junger Erwachsener und der Erwachsenentaten unter Berücksichtigung der besonderen Strafsatzänderungen (§§ 5 und 19 JGG) jeweils nach § 28 zu bilden und dann in einem zweiten Schritt wieder gem § 28 der konkret anzuwendende Strafrahmen.

Beispiel: A begeht als Jugendlicher § 206 Abs 3 1.Fall (5 bis 15 Jahre). Unter Berücksichtigung von § 5 JGG wäre dafür eine Freiheitsstrafe bis zu 7 1/2 Jahren zu verhängen. Als 18-jähriger begeht er § 106 Abs 1 (6 Monate bis 5 Jahre) und § 84 Abs 1 (bis zu 3 Jahre). Unter Berücksichtigung von § 19 Abs 4 JGG wäre dafür gem § 28 eine Freiheitsstrafe von 6 Monaten bis zu 5 Jahren zu verhängen. Als Erwachsener begeht A § 84 Abs 1 (bis zu 3 Jahre) und § 142 Abs 2 (6 Monate bis 5 Jahre). Gem § 28 wäre dafür Freiheitsstrafe von 6 Monaten bis zu 5 Jahren zu verhängen. Der gem § 28 konkret anzuwendende Strafrahmen beträgt daher 6 Monate bis zu 7 1/2 Jahre Freiheitsstrafe (vgl 15 Os 194/08f).

§ 28 ist nur anwendbar, wenn eine Aburteilung mehrerer Delikte **gemeinsam in einem Urteil** erfolgt. **Ansonsten** ist allenfalls nach den §§ 31, 40 vorzugehen (wo § 28 im Gegensatz zu § 29 zu berücksichtigen ist) und eventuell eine **Zusatzstrafe** zu verhängen (siehe VIII.C.).

b) Sind bei den einzelnen Delikten **ungleichartige Strafen** vorgesehen, so wird nach § 28 Abs 2 kumuliert, wenn Geld- und Freiheitsstrafe **kumulativ** angedroht sind. Ist eine von ihnen nicht zwingend, sondern fakultativ kumulativ abgedroht, so kann sie (zusätzlich) verhängt werden. Sind auf diese Weise Geld- und Freiheitsstrafen zu verhängen, so ist für jede von beiden die Regelung des § 28 Abs 1 zu beachten (§ 28 Abs 2 letzter Satz).

Beispiel: Wäre A nach einer Bestimmung (nur) mit einer Geldstrafe von bis zu 60 Tagessätzen, nach einer anderen (nur) mit einer Freiheitsstrafe von bis zu 3 Jahren strafbar, so ist er neben einer Geldstrafe auch zu einer Freiheitsstrafe zu verurteilen.

Beispiel: Die eine Straftat ist mit Freiheitsstrafe (bis zu 5 Jahre) und Geldstrafe (bis zu 180 Tagessätze), die andere mit Freiheitsstrafe (6 Monate bis 3 Jahre) und allenfalls zusätzlich mit Geldstrafe (bis zu 360 Tagessätze) bedroht. *Der konkrete Strafrahmen beträgt somit Freiheitsstrafe von 6 Monaten bis 5 Jahren und Geldstrafe von bis zu 180 Tagessätzen, allenfalls bis zu 360 Tagessätzen.*

Andere Strafarten sind jedenfalls **zu kumulieren**. Wird gem § 28 Abs 2 auf eine Geldstrafe und auf eine Freiheitsstrafe erkannt und statt der Freiheitsstrafe aber gem § 37 eine Geldstrafe verhängt, so ist bloß eine einzige Geldstrafe zu verhängen (§ 28 Abs 3).

Kommt es nach § 28 Abs 2 zur Strafenkumulierung, darf der Erschwerungsgrund des § 33 Z 1 aufgrund des Doppelverwertungsverbots nicht angenommen werden (15 Os 1/93).

Auch wenn zwei verschiedene Strafarten verhängt werden, kann uU bloß eine von ihnen **bedingt nachgesehen** werden.

3. Trifft bei einer Verurteilung von über einem Jahr Freiheitsstrafe bzw mehr als 6 Monate unbedingten Freiheitsstrafe eine **Vorsatz- mit einer Fahrlässigkeitstat zusammen**, ist nach § 260 Abs 2 StPO im Hinblick auf allfällig eintretende Rechtsfolgen (zB Amtsverlust) auszusprechen, welcher Teil der Strafe auf die Vorsatztat entfällt.

Beispiel: A wird wegen § 81 Abs 1 (Strafdrohung Freiheitsstrafe bis 3 Jahre) und § 144 (6 Monate bis 5 Jahre) zu einer Freiheitsstrafe von 8 Monaten bedingt /unbedingt verurteilt. *Da A nicht zu mehr als einem Jahr Freiheitsstrafe verurteilt wurde, braucht im Urteil nicht angegeben zu werden, welcher Teil davon auf § 144 entfällt; im Fall der unbedingten, 6 Monate übersteigenden Freiheitsstrafe hingegen schon.*

4. Aus § 28 ist daher Gebot auf eine einheitliche Reaktion bzw das **Verbot einer Sanktions- und Reaktionskumulierung** bei Deliktsmehrheit abzuleiten, sodass neben der Verhängung einer Strafe nicht zusätzlich Diversion in Betracht kommt. Da eine Unterbringung nach § 21 Abs 1 allerdings nicht – wie Strafen – an die Schuld des Täters anknüpft, sondern an dessen Gefährlichkeit, kann sie uU neben einer Strafe angeordnet werden (11 Os 37/21g).

Beispiel: A begeht § 127 und § 269 Abs 1, wobei er letztere Tat zurechnungsunfähig (§ 11) begangen hat. *A kann hier einerseits wegen des Diebstahl zu einer Strafe verurteilt und andererseits wegen des Widerstandes gegen die Staatsgewalt nach § 21 Abs 1 untergebracht werden.*

B. Zusammenrechnungsprinzip (§ 29)

Literatur: *Schmoller*, Neue Akzente in der Rechtsprechung zu § 29 StGB?, JBl 1998, 348; *Hockl*, Deliktseinheit oder -mehrheit bei Zusammenrechnung gem § 29 StGB?, JBl 1996, 560.

Bei **ziffernmäßig bestimmten Wertqualifikationen** (Sach- oder Schadenswert) sind bei mehreren Vermögensdelikten **derselben Art** (nur gleichartige Konkurrenz!) die Schadensbeträge (im selben Urteil) zusammenzurechnen. Das gilt auch, wenn die Delikte in unterschiedlichen Täterschaftsformen (§ 12) verübt worden sind oder einerseits Versuch und andererseits Vollendung vorliegt.

Ausländische Werte sind dabei nach dem amtlichen Wechselkurs am Tatort zur Tatzeit in inländische Währung umzurechnen (14 Os 21/94).

Nicht zusammenzurechnen sind daher zB die §§ 141 und 150 (Entwendung, Notbetrug), weil dort ein geringer Wert und nicht eine ziffernmäßig bestimmte Summe verlangt wird. Auch § 144 (Erpressung) ist kein wert- oder schadensqualifiziertes Delikt. Ebenso ist ein im Vollrausch (§ 287) begangenes Vermögensdelikt oder ein privilegiertes (zB § 166) nicht mit einem „normalen“ zusammenzurechnen.

Beispiel: A hat 3 Diebstähle mit einer Schadenssumme von je 2.000 € begangen. Es gilt die Strafdrohung des § 128 Abs 1 Z 5, da der Schaden 6.000 € beträgt. Würde er hingegen wegen 3 Entwendungen mit je 90 € Schadenssumme vor Gericht stehen, käme eine Zusammenrechnung nach § 29 nicht in Betracht. Eine Schadenshöhe von 270 € würde eine Anwendung des § 141 verhindern, bei dem ein geringer Wert (bisher nach der Rsp rund 100 €; vgl 14 Os 12/05y) Voraussetzung ist.

§ 29 hat nur Einfluss auf die Ermittlung des Strafrahmens, die **einzelnen Angriffshandlungen** bleiben hingegen rechtlich **selbständige Taten**. Der Erschwerungsgrund der Tatwiederholung (§ 33 Z 1) darf aber – sofern § 29 zur Anwendung eines höheren Strafrahmens führt – aufgrund des Doppelverwertungsverbotes nicht angenommen werden (14 Os 65/99 und Anm von *Schmoller*, JBl 2000, 262).

Die Rsp geht davon aus, dass die Anwendung des § 29 dazu führt, dass nur **eine einzige Tat** iSd § 260 Abs 1 Z 2 StPO vorliegt, selbst wenn durch die Zusammenrechnung keine Qualifikationsgrenze überschritten wird (11 Os 86/07t).

Beispiel: A begeht versuchten räuberischen Diebstahl (§ 131, Wert 60 €), vollendeten räuberischen Diebstahl (§ 131, Wert 30 €) und vollendeten Diebstahl (§ 127, Wert 10 €). *Wird ihm im Urteilsspruch neben dem Verbrechen des teils versuchten, teils vollendeten räuberischen Diebstahls auch das Vergehen des Diebstahls angelastet, ist dies nach dem OGH gem § 281 Abs 1 Z 10 StPO nichtig. Vielmehr hat A das Verbrechen des teils vollendeten, teils versuchten räuberischen Diebstahls nach §§ 127, 131 (1. Fall) und § 15 begangen.*

Bei wert- oder schadensqualifizierten Delikten entsteht durch § 29 eine **Subsumtionseinheit sui generis**, die aus der höchsten Wert- oder Schadensqualifikation und weiteren, in echter Konkurrenz dazu stehenden Begehungsformen und unselbständigen Abwandlungen des Grunddeliktes besteht. Diese Zusammenrechnung betrifft jedoch nicht die Schuldsprüche, sie bestimmt vielmehr nur den Strafrahmen und die urteilsmäßige Bezeichnung der strafbaren Handlung (14 Os 65/99). Hinsichtlich sonstiger Rechtsfolgen sind die gem § 29 zu einer Einheit zusammengezogenen Taten aber als selbständige zu werten (zB für die Frage der inländischen Gerichtsbarkeit oder tätigen Reue; 12 Os 129/15k). Ausführlich zu dieser Problematik *Schmoller*, JBl 1998, 348 sowie Anm zu JBl 2000, 262 und *Hockl*, JBl 1996, 560.

Beachte für **Jugendstraftaten** und Straftaten **junger Erwachsener**: Sind Werte oder Schadensbeträge einer Straftat, die vor Vollendung des 18. bzw 21. Lebensjahres begangen wurde, mit jenen einer Straftat, die nach diesem Zeitpunkt begangen wurde, zusammenzurechnen, so richten sich die Strafdrohungen nach § 5 Z 2 bis 5 JGG bzw § 19 Abs 1 JGG. Begründet jedoch allein die Summe der Werte oder Schadensbeträge der nach dem genannten Zeitpunkt begangenen Straftaten eine höhere Strafdrohung, so ist diese maßgeblich (§§ 5 Z 11, 19 Abs 3 JGG; Näheres *Maleczky*, Jugendstrafrecht[7] Rz 2.42 und 5.6.).

C. Bestrafung bei nachträglicher Verurteilung

Literatur: *Juhász*, Zusatzstrafe gemäß §§ 31, 40 StGB auch in „Hybridfällen"?, RZ 2010, 277; *Schedlberger*, Amtsverlust bei Verhängung einer Zusatzstrafe, ÖJZ 1987, 547.

Wird jemand, der bereits früher verurteilt worden ist, **wegen** einer **anderen Tat verurteilt**, so ist über ihn eine Zusatzstrafe zu verhängen, wenn diese Tat vor der **Verurteilung** der ersten Tat **begangen** wurde (und daher gemeinsam mit dieser hätte abgeurteilt werden können). Die **Zusatzstrafe** soll jenes Ergebnis des Strafausmaßes bewirken, das entstanden wäre, wenn die strafbaren Handlungen gemeinsam abgeurteilt worden wären. § 31 dient dem Zweck, eine Benachteiligung des Verurteilten durch getrennt geführte Strafverfahren, die hätten verbunden werden können, auszuschließen.

Bei Aburteilung allgemeiner Straftaten kann aber nach § 31 **nicht auf Finanzvergehen Bedacht** genommen werden, ebenso wenig, wie bei Aburteilung von Finanzvergehen eine Bedachtnahme nach § 21 FinStrG auf allgemeine Straftaten zulässig ist (11 Os 63/94). Eine Verurteilung nach § 13 JGG (Schuldspruch unter Vorbehalt der Strafe) kommt als Vor-Urteil, auf das Bedacht zu nehmen ist, nicht in Betracht (12 Os 36/13f). Andererseits sind **auch bereits getilgte** frühere Verurteilungen **zu berücksichtigen** (13 Os 136/11s), weil die Tilgung ja bloß die nachteiligen Wirkungen von Verurteilungen beseitigen möchte.

Es ist daher zunächst nach den §§ 28, 29 der Strafrahmen zu bestimmen, der bei gemeinsamer Aburteilung anzuwenden gewesen wäre. Dann ist nach Strafzumessungsgesichtspunkten die Strafe für alle Delikte auszumessen (die neue Tat kann zB bloß einen Erschwerungsgrund darstellen, wenn sie nicht zu einem höheren Strafrahmen geführt hätte). Von dem so ausgemessenen Strafausmaß ist die bereits verhängte Strafe abzuziehen. Übrig bleibt auf diese Weise jenes Strafausmaß, das als **Zusatzstrafe** zu verhängen ist. Diese Zusatzstrafe darf aber keinesfalls das Höchststrafmaß der neuen Tat überschreiten (§ 31 Abs 1).

Beispiel: A wird wegen Diebstahls von 3.500 € zu 6 Monaten Freiheitsstrafe verurteilt. Drei Monate später wird er wegen eines weiteren Diebstahls von 3.500 € verurteilt, wobei diese Tat bereits vor der ersten Verurteilung begangen worden war. *Die Strafdrohung bei gemeinsamer Verurteilung wäre nach § 29 bis zu 3 Jahre Freiheitsstrafe (§ 128 Abs 1 Z 4). Allerdings darf die Zusatzstrafe 6 Monate (Strafdrohung für die neue Tat nach § 127) nicht übersteigen, selbst wenn nach Strafzumessungsgesichtspunkten bei gemeinsamer Aburteilung eine höhere Strafe zu verhängen gewesen wäre.*

Beachte: Dies betrifft nur die Ermittlung des Strafrahmens und -ausmaßes. A darf für die zweite Tat aber nicht wegen § 128 Abs 1 Z 4, sondern nur wegen § 127 verurteilt werden, weil aus mehreren Urteilen, die zueinander im Verhältnis des § 31 stehen, keine Qualifikationen gewonnen werden dürfen; das kann nur geschehen, wenn diese Taten in ein und demselben Urteil erledigt werden (10 Os 57/77; 13 Os 134/05p).

Auch eine **Verurteilung ohne Strafe** (Absehen vom Verhängen einer Zusatzstrafe) ist möglich, wenn die Strafe bei gemeinsamer Aburteilung nicht höher gewesen wäre (§ 40). Wurde die Strafe im früheren Verfahren bedingt nachgesehen, kann dies widerrufen werden, wenn die Strafe bei gemeinsamer Verurteilung nicht bedingt nachgesehen worden wäre (§ 55 Abs 1).

Wird die bedingte Nachsicht nicht widerrufen, verlängert sich die **Probezeit** aber nur (ex lege) unter den Voraussetzungen des § 55 Abs 3, nicht hingegen durch Ausspruch des Gerichts, weil § 53 Abs 2 nicht anwendbar ist (15 Os 46/90; 15 Os 154/95).

Eine Zusatzstrafe ist auch zu verhängen, wenn das Vor-Urteil von einem **ausländischen Gericht** gefällt wurde, selbst wenn diese Verurteilung nicht nach § 73 anzuerkennen wäre, weil sie nach österreichischem Recht nicht gerichtlich strafbar war bzw die Verurteilung nicht nach einem mit Art 6 MRK konformen Verfahren erfolgt ist (§ 31 Abs 2).

Wenn das ausländische Gericht allerdings Sanktionen verhängt hat, die in Österreich nicht vorgesehen sind (zB gemeinnützige Leistung, Fahrverbot), fehlt es nach dem OGH an Anknüpfungspunkten für eine Zusatzstrafe nach § 31 (12 Os 84/14s mit Anm *Birkelbauer*, JBl 2016, 404).

Ist das Vor-Urteil zum Zeitpunkt der Urteilsfällung noch nicht rechtskräftig, ist keine Zusatzstrafe zu verhängen, sondern die Strafe ohne Bedachtnahme auf das Vor-Urteil auszumessen. Wird das Vor-Urteil aber während des Rechtsmittelverfahrens rechtskräftig, hat das Berufungsgericht nunmehr auf dieses nach § 31 Bedacht zu nehmen (14 Os 127/15f).

Hat das Gericht **entgegen § 31 nicht** auf eine frühere Verurteilung **Bedacht genommen**, sondern „normal" abgesprochen, so bewirkt dies eine Nichtigkeit nach § 281 Abs 1 Z 11 1. Fall StPO, weil es von einem zu weitem Strafrahmen ausging und damit seine Strafbefugnis überschritt, selbst wenn die konkret verhängte Strafe innerhalb des richtigen Strafrahmens lag (13 Os 100/21m).

Eine **Zusatzstrafe** ist auch **wiederholt** zu verhängen, wenn die **neuen Taten jeweils vor der ersten Verurteilung** begangen wurden. § 31 kommt aber **nicht** zur Anwendung, wenn die nachträglich zur Aburteilung gelangten **Taten teils vor und teils nach Fällung des früheren Urteils begangen** wurden (15 Os 191/94) oder wenn auf ein Vor-Urteil Bedacht genommen wird, das seinerseits bereits auf ein anderes Vor-Urteil Bedacht genommen hat, und die zuletzt abzuurteilende Tat nicht schon vor diesem (ersten) Vor-Urteil begangen wurde (14 Os 22/95). Voraussetzung ist daher, dass **alle** im Rahmen der §§ 31, 40 zu berücksichtigenden **Taten im ersten Verfahren hätten abgeurteilt werden können**.

Beispiel: A wird wegen eines Diebstahls vom 13.3.2022 am 13.4.2023 verurteilt. Am 3.11.2024 wird er wegen eines Raubes vom 10.2.2022 (unter Bedachtnahme auf die frühere Verurteilung) schuldig gesprochen. Er hat sich nunmehr wegen einer Tat vom 24.4.2022 (Variante: 24.4.2023) zu verantworten. *Nur im ersten Fall kann auf die beiden Vor-Verurteilungen Bedacht genommen werden, nicht hingegen im* *zweiten Fall, zumal diese Tat zwischen den beiden Vor-Urteilen begangen wurde und daher nicht am 13.4.2023 (= 1. Vor-Urteil) zur Aburteilung hätte gelangen können.*

D. Scheinkonkurrenz

Literatur: *Burgstaller*, Die Scheinkonkurrenz im Strafrecht, JBl 1978, 393 und 459; *Zacharias*, Die Konkurrenzen im Strafrecht, JAP 1993/94, 200; *Wegscheider*, Echte und scheinbare Konkurrenz (1980).

Bei der Scheinkonkurrenz besteht zunächst der Anschein, dass ein Täter zwei Delikte verwirklicht hat, in Wahrheit kommt aber ein Delikt nicht zur Anwendung. Trotz formaler Erfüllung eines zweiten Deliktstypus wird die **Handlung nur unter einen Tatbestand subsumiert**, weil der Unrechtsgehalt der Tat bereits durch diesen erschöpfend erfasst wird. Das Anführen beider Taten im Urteil wäre daher nichtig. Im Einzelnen ist die Scheinkonkurrenz umstritten, weil sie von einer Auslegung der einzelnen Deliktstatbestände abhängt. Ausdrückliche gesetzliche Regelungen gibt es nur in Einzelfällen (zB § 94 Abs 4).

Es sind folgende **Fallgruppen** zu unterscheiden:

1. Spezialität: Sie liegt dann vor, wenn zwei Deliktstypen zueinander im Verhältnis von Gattung und Art stehen. Das ist dann der Fall, wenn ein Deliktstypus sämtliche Merkmale des anderen enthält und dazu noch ein oder mehrere Merkmal(e) darüber hinaus. Beispiel dafür sind Qualifikation bzw Privilegierung gegenüber dem Grunddelikt.

2. Subsidiarität: Sie liegt dann vor, wenn ein Deliktstypus erkennen lässt, dass er nur dann Anwendung finden soll, wenn nicht ein anderer Deliktstypus anwendbar ist. Ausdrückliche Subsidiaritätsklauseln finden sich mitunter im Gesetz, zB in §§ 94 Abs 4, 151 Abs 1, 293 Abs 1. Fälle von stillschweigender Subsidiarität sind

- Versuch gegenüber Vollendung;

  Dies setzt Handlungseinheit voraus, somit Identität des Täters, des angegriffenen Objekts und einen einheitlichen Willensentschluss. Dies liegt vor, wenn jemand auf einem Autoabstellplatz zunächst vergeblich versucht, in mehrere Fahrzeuge einzudringen, ein Auto schließlich aufbricht und damit davonfährt. Er ist nur wegen vollendeten Diebstahls, nicht jedoch auch wegen versuchten Diebstahls an den anderen Autos zu bestrafen (15 Os 160/93).

  Beispiel: Wenn jemand hingegen 2017 eine unrichtige Versicherungsmeldung erstattet, wobei die Auszahlung aber verweigert wird (versuchter Betrug), er daraufhin 2022 diesen Betrag erfolgreich bei Gericht einklagt (vollendeter Betrug), begeht er zwei Delikte. Der Versuch ist nicht gegenüber der Vollendung subsidiär, da beide Handlungen zeitlich derart weit auseinander liegen, dass sie nicht mehr als Einheit anzusehen sind (11 Os 95/93).

- strafbare Vorbereitung gegenüber Versuch (zB Komplott gegenüber versuchter Komplotttat);

Dies gilt aber nicht, wenn der Versuch (zB nach § 15 Abs 3) straflos ist (11 Os 149/92).

- Gefährdungs- gegenüber Verletzungsdelikten bzw Körperverletzungs- gegenüber Tötungsdelikten (zB ein Fußgänger wird durch einen Autofahrer zunächst gefährdet und dann verletzt, bzw er wird verletzt und stirbt in weiterer Folge an seinen Verletzungen);

  Voraussetzung ist auch hier ein einheitliches Tatgeschehen mit einheitlichem Tatentschluss gegen dasselbe Deliktsobjekt. Dies gilt auch für Erfolgsqualifikationen gegenüber Mord.

  Beispiel: A beraubt den X, indem er auf ihn mit Mordvorsatz einsticht, und verletzt ihn schwer. A begeht neben versuchtem Mord Raub mit der Qualifikation des § 143 2. Fall (Verwendung einer Waffe), nicht aber 3. Fall (Herbeiführung einer schweren Körperverletzung), weil diese gegenüber §§ 15, 75 subsidiär ist (13 Os 132/10a).

- Fahrlässigkeits- gegenüber Vorsatzdelikten;
- Beitrag und Bestimmung gegenüber unmittelbarer Täterschaft bzw Beitrag gegenüber Bestimmung.

  Beispiel: A bestimmt den B, mit ihm gemeinsam einen Einbruch zu verüben. B stimmt zu und borgt dem A dazu sein Einbruchswerkzeug. A und B sind nur wegen vollendeter unmittelbarer (Mit-)Täterschaft zu verurteilen, A nicht zusätzlich wegen Bestimmung und B nicht zusätzlich wegen Beitrag.

3. Konsumtion: Diese liegt vor, wenn der Unwert eines Deliktstypus durch einen anderen eingeschlossen wird. Dies muss teleologisch ermittelt werden. Folgende Unterformen sind zu unterscheiden:

a) **Typische Begleittat:** Sie liegt nur vor, wenn ein Deliktstypus regelmäßig mit einem anderen verwirklicht wird und seine Folgen im Vergleich zum anderen Delikt einen wesentlich geringeren Unwertgehalt aufweisen. Voraussetzung ist allerdings, dass die Tatfolge das typische Ausmaß nicht überschreitet.

Beispiel: Beschädigung einer Türe (nicht aber der Alarmanlage; 15 Os 113/14b) bei Einbruchsdiebstahl; (vorsätzliches) Zertrümmern einer antiken Vitrine beim Aufbrechen der Türe ist aber eine Tatfolge über das typische Ausmaß hinaus (in diesem Fall wird § 125 daher nicht von § 129 konsumiert). Gegen Raubopfer gerichtete und mit der Sachwegnahme im Zusammenhang stehende Nötigung zur Sicherung der Flucht (Opfer wehrt sich bei Raub und wird vom Täter mit dem Abstechen bedroht, wenn es weiter nach Hilfe ruft; § 105 von § 142 konsumiert; 14 Os 76/08w). Der Besitz pornographischen Materials nach § 207a Abs 3 wird von der Herstellung des Materials nach § 207a Abs 1 Z 1 nur so weit konsumiert, als dies mit der Herstellung notwendig einhergeht, nicht aber darüber hinaus (15 Os 51/15m).

b) **Straflose Vortat:** Die Tat ist gegen dasselbe Rechtsgut gerichtet, und es gibt keinen über die Haupttat hinausgehenden Schaden.

Beispiel: Vorhänge einer Wohnung werden zerrissen und in Petroleum getränkt, um das ganze Wohnhaus niederzubrennen (§ 125 wird von § 169 konsumiert).

c) **Straflose Nachtat:** Der Deliktstypus der Haupttat umfasst bereits den deliktischen Gesamtunwert des zu beurteilenden Verhaltens. Sie ist ebenfalls gegen dasselbe Rechtsgut gerichtet, und es besteht kein weiterer Schaden.

> **Beispiel:** A entzieht dem X dessen Sache dauernd und zerstört sie anschließend (§ 125 wird von § 135 konsumiert).

Gemeinsame Voraussetzung: Aus dem verdrängenden Delikt muss ein konkreter Strafanspruch erwachsen. Wenn dieser anschließend nicht mehr aufrecht bleibt (zB durch tätige Reue oder Rücktritt vom Versuch) oder prozessual nicht mehr durchgesetzt werden kann (zB bei Privatanklage- und Ermächtigungsdelikten), hat dies bei jeder Konstellation andere Auswirkungen. Siehe dazu eingehend *Burgstaller*, JBl 1978, 464.

Stichwortverzeichnis